◎高等职业教育物联网应用技术专业（智能网联）系列教材

U0722284

Zhineng Wanglian

Renji Jiaohu Yingyong Kaifa Jishu

智能网联人机交互应用开发技术

主 编 李 真 曹 焕 杨增春

副主编 李麒骥 熊舒羽

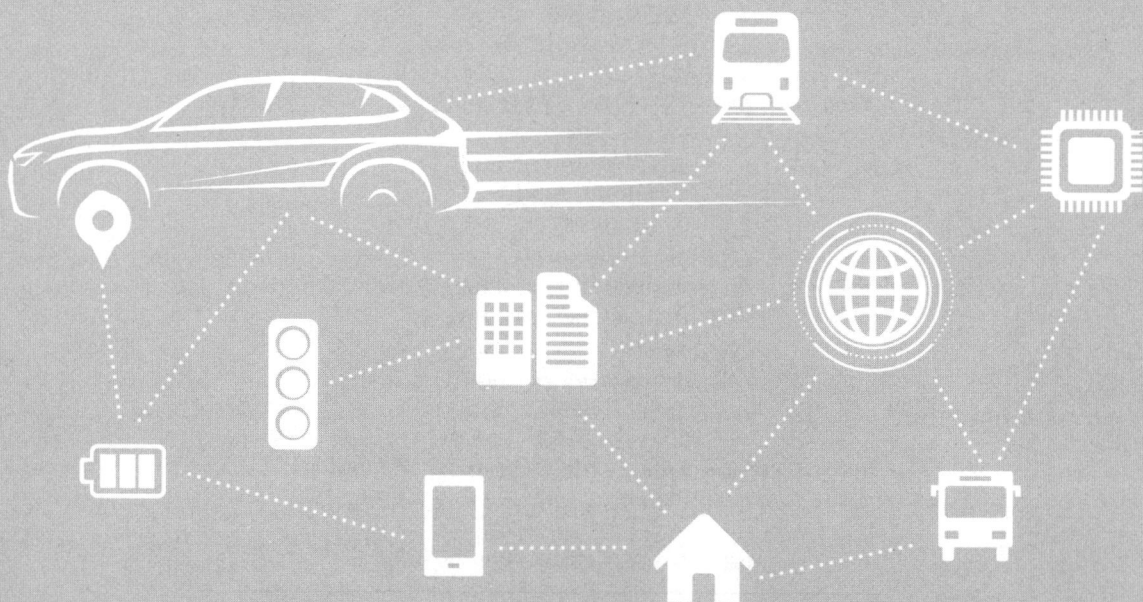

重庆大学出版社

内容提要

本书以实践项目为驱动，以典型工作任务为引领，通过任务描述、任务要求、相关知识、任务实施4个环节把知识点串起来，帮助读者提高动手实践能力；同时在每个项目后面还设有项目小结和拓展练习，可对知识点进行巩固和扩展。本书旨在提升读者的知识素养、专业技能与编程兴趣，构建读者在程序设计方面的逻辑思维，逐步提升 Android 车载编程能力，为移动开发专业课程的程序设计奠定基础。

本书是智能网联系列教材中的一本，可作为高等职业院校软件技术相关专业的教材，也可作为有关专业技术人员的培训教材，还可作为移动应用开发爱好者和车载应用开发爱好者必备的参考书。

图书在版编目(CIP)数据

智能网联人机交互应用开发技术 / 李真, 曹焕,
杨增春主编 . -- 重庆 : 重庆大学出版社, 2024.1
ISBN 978-7-5689-4240-9

Ⅰ.①智… Ⅱ.①李… ②曹… ③杨… Ⅲ.①汽车—
智能通信网—高等职业教育—教材 Ⅳ.①U463.67

中国国家版本馆 CIP 数据核字(2023)第 240748 号

智能网联人机交互应用开发技术

主　编　李　真　曹　焕　杨增春
副主编　李麒骥　熊舒羽
策划编辑:范　琪

责任编辑:付　勇　　版式设计:范　琪
责任校对:关德强　　责任印制:张　策

*

重庆大学出版社出版发行
出版人:陈晓阳
社址:重庆市沙坪坝区大学城西路 21 号
邮编:401331
电话:(023)88617190　88617185(中小学)
传真:(023)88617186　88617166
网址:http://www.cqup.com.cn
邮箱:fxk@cqup.com.cn(营销中心)
全国新华书店经销
重庆长虹印务有限公司印刷

开本:787mm×1092mm　1/16　印张:15.25　字数:374 千
2024 年 1 月第 1 版　　2024 年 1 月第 1 次印刷
印数:1—1 000
ISBN 978-7-5689-4240-9　定价:49.80 元

前言
Foreword

党的二十大报告指出，推动战略性新兴产业融合集群发展，构建新一代信息技术、人工智能等一批新的增长引擎，加快发展数字经济，促进数字经济和实体经济深度融合。因此，智能网联技术这个属于全球科技竞争的前沿门类，是经济核心部门、国家和人民的重大需求产品，必须要充分加以认识和利用，并且实现自立自强。

随着互联网技术和人工智能技术的不断发展，智能网联和人机交互已经成为现代化新技术应用领域的重要内容。本书围绕智能网联和人机交互这个领域，从理论到实践进行初步的探讨和研究，希望能促进该项新技术的大面积推广和应用。

本书面向高职软件技术专业学生群体，融合高职教育特色，以智能网联人机交互应用开发领域典型生产实践项目为驱动、典型工作任务为引领设计组织教材内容。本书共分为4个项目。

项目1：认识智能网联Android Auto。讲解Google Android Auto Car体系、开发工具的安装及使用说明、界面设计的主要概念及方法。

项目2：智能网联车载收音机界面设计实现。讲解布局设置、蒙版、进度条组件、对话框组件、按钮及状态控制等基础知识以及智能网联车载多媒体收音机人机交互项目开发。

项目3：智能网联车载应用设置面板界面设计实现。讲解输入框组件、虚拟键盘等组件的基础知识以及智能网联车载设备系统设置交互项目开发。

项目4：智能网联车载应用主控面板界面设计实现。介绍如何智能网联车载应用主面板交互项目。

本书在作者总结多年教学实践经验的基础上，严格按照教育部关于"加强职业教育、突出实践技能和能力培养"的教学改革要求编写而成。本书重点讲解Android组件使用、布局设计和实际应用的具体实施方案，将Android车载开发流程以体系化的项目案例进行贯穿，程序设计采用Java语言。本书内容循序渐进，按照初学者的学习思路编排，条理性强、通俗易懂、重点突出、实践性强。为便于复习和自学，每个项目均配备了丰富的习题。

本书由李真、曹焕、杨增春担任主编，李麒骥、熊舒羽担任副主编。具体编写分工如下：项目1由李真编写；项目2由曹焕编写；项目3由杨增春编写；项目4由李麒骥、熊舒羽编写；全书由李真负责统稿，并统一修改定稿。在本书的编写过程中，编者参考了很多国内外专家的著作和文献，同时得到了很多人的热情帮助和指导，在此谨致谢意。

限于编者水平，书中难免存在疏漏之处，欢迎广大读者批评指正，我们会积极对本书进行修订和补充。

编　者
2023年8月

目录
Contents

项目1
认识智能网联 Android Auto

项目背景

　　Android Auto 是 Google(谷歌公司)推出的专为汽车设计的 Android 功能,旨在让用户在驾驶时安全地操作适用的应用程序。它支持地图导航、音乐播放、拨打电话等,还可以在 Google Play 商店下载适用于 Android Auto 的应用程序,如即时聊天软件 WhatsApp、Skype 等,功能丰富。用户还可以使用 Google Voice 通过语音命令控制所有内容,例如,可以通过 Google Play Music、Pandora 或 Spotify 播放歌曲。

所支撑的职业技能

　　通过本项目的学习,了解 Android Auto 的项目背景,理解 Android Auto 的基础知识。

重点与难点

　　◇**重点**
　　　　•了解 Android Auto 的项目背景。
　　　　•理解应用启动器。
　　　　•理解导航栏。
　　　　•理解状态栏。

　　◇**难点**
　　　　•掌握 Android Auto 系统 UI 的基本组成。
　　　　•理解通知。
　　　　•理解小工具。

1.1　任务描述

通过本任务的学习,了解 Android Auto 的项目背景,了解 Android Auto 的基础功能与主要组成部件,为后续的学习打下基础。

1.2　任务要求

①了解 Android Auto 的项目背景。
②理解 Android Auto 的系统功能。
③掌握 Android Auto 系统 UI 的基本组成。

1.3　相关知识

1.3.1　Android Auto 的项目背景

2014 年 6 月,Android Auto 正式发布。Android Auto 旨在取代汽车制造商之原生车载系统来执行 Android 应用与服务,并访问与存取 Android 手机内容。

2015 年发布的车载平台 Android Auto,将智能手机的功能和外观带给车辆的中央屏幕。Android 工程师使用 15 in[①]垂直触摸屏来演示运行 Android OS 和所有配套应用程序的玛莎拉蒂 Ghibli 汽车信息娱乐用户界面。对于传统上使用自己专有软件的汽车制造商来说,这个概念的出现是一个转折点。汽车制造商由此看到了谷歌的系统将比他们自己内部开发的系统更先进。汽车制造商,从现代到吉普,开始在汽车产品当中采用谷歌的 Android 系统。

2020 年谷歌 Android 设备推出多项功能,包括对 Android Auto 的改进、将日历通知带到车载屏幕,以及无须拿起手机即可直接从车载屏幕调整某些设置的能力。

Android Auto 不是一个车载操作系统,而是手机版 Android Auto App 在车载屏幕上的拓展。Android Auto 最大的特点是在保证驾驶员安全的前提下,让用户高效获取内容,UI 和交互设计上尽量降低用户的注意力成本,减轻用户的操作负担。

从 2014 年发布起,谷歌公司每年都在 Android Auto 上投入巨资进行研发及更新。Android Auto 优秀的设计理念及良好的人机互动界面,也备受业界的认可,多家汽车厂商和电子供应商,包括通用、福特、克莱斯勒、奥迪、大众、本田、现代和日产证实,他们都在积极开发 Android Auto。国外也有越来越多的汽车厂商在他们的新车型中引入 Android Auto。Android + Android Auto 开始成为未来车载的主流搭配。近些年国内各大汽车厂商也逐步增加了在 Android Auto 方面的支持及投入。

---

①1 in=2.54 cm

1.3.2 Android Auto 的系统功能

Android Auto 的功能界面简单易用,主要包括:自动用户界面、娱乐应用、消息、打电话等功能。

(1)Android 自动用户界面

Android Auto 可以被看作系统中的系统。它有一个背景和一种主屏幕。但是,用户一次只能使用一个应用程序,只有最少的通知,而且只能使用已扩展到 Android Auto 的消息应用程序。当然,重点是尽可能少一些分心,同时仍然能够使用这个东西。

主要选项都停靠在屏幕的底部:导航、电话、主屏幕、音频。这是应用程序之间切换的地方。用户可对主屏幕进行个性化设置,如气象信息、新闻推送、通话及通话记录、短信及即时消息以及其他任何当前正在播放的多媒体消息。这一切都以易于阅读、易于处理的方式完成。

(2)Android Auto 上的娱乐应用

这里的应用,指的是音乐播放。默认情况下通常包含谷歌音乐播放器,但它并非唯一的选择。其他 App,如 Spotify、亚马逊音乐等同样支持。Android Auto 并不关心用户听的内容,它只关心它的外观。为此,每个音频应用程序的外观和工作方式几乎相同,样式按钮和菜单也相同。

(3)Android Auto 上的消息

Android Auto 上的消息传递应用程序以通知的形式将应用程序路由到主屏幕。用户可以选择收听、查阅,也可以选择用语音回复。

(4)Android Auto 上的电话

用户可以通过 Android Auto 拨打电话。插入电源后,任何媒体音频都通过 USB 连接进行路由。Android Auto 的联系人和拨号程序使用在手机上找到的相同设计方案。不在行驶状态时,可以使用传统的拨号盘,Android Auto 提供一个完整的键盘。当然也可以使用语音拨打电话。在驾驶过程中用户也可以使用语音轻松接听和拒绝来电。

1.3.3 Android Auto UI 的基本组成

Android Auto UI 由一个用于访问关键操作的导航栏、一个主应用程序内容区域和一个显示系统信息的状态栏组成,如图 1-1 所示。

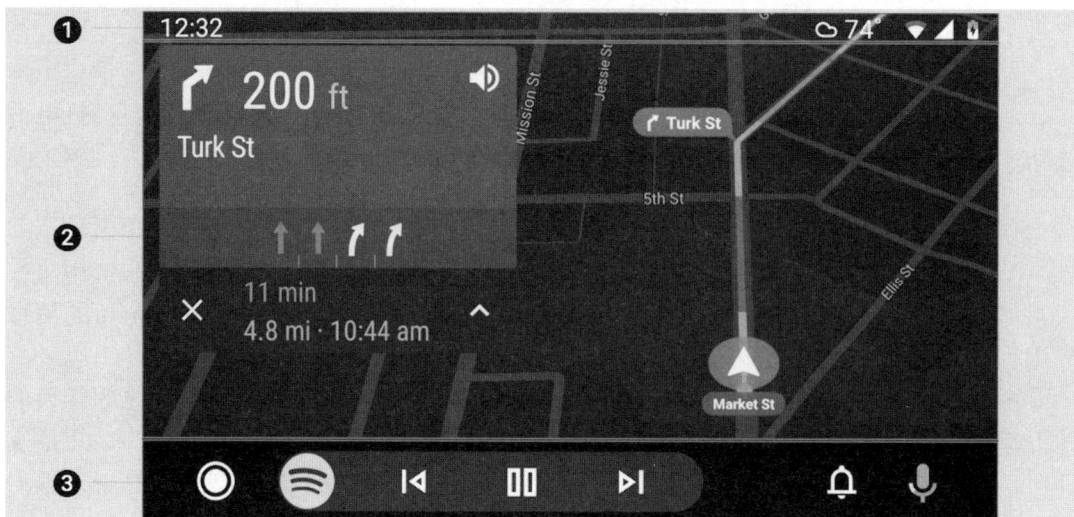

图1-1   Android Auto UI界面

①状态栏:在状态栏上显示时间、天气以及系统状态的详细信息。

②应用内容区:应用程序内容区域显示应用程序启动器或当前使用的主应用程序的内容。

③导航栏:导航栏支持访问应用启动器、通过小组件控制第二个正在运行的应用程序、访问通知中心、访问用于基于语音的交互的助手。

1.3.4   构建Android Auto即时通信应用

对许多驾驶员而言,通过信息保持联络非常重要。聊天应用可让用户知道是否需要接孩子,或者晚餐地点是否已更改。利用Android框架,即时通信应用可以使用标准界面将其服务扩展到驾驶体验中,让驾驶员专注于路况。

支持即时通信的应用可以扩展其即时通信通知,使Android Auto在运行时能够使用它们。这些通知显示在Auto中,让用户能够在一致且不易导致分心的界面中阅读和回复消息。此外,在使用MessagingStyle API时,还可以从适用于所有Android设备(包括Android Auto)且经过优化的消息通知中获益。此类优化包括专用于消息通知的界面、改进的动画,以及对内嵌图片的支持。

(1)使用入门

如需让应用为Auto设备提供即时通信服务,该应用必须能够执行以下操作:

•构建并发送NotificationCompat.MessagingStyle对象,这些对象包含回复和"标记为已读"Action对象。

•通过Service处理回复并将对话标记为已读。

•配置清单,表明该应用支持Android Auto。

一个通信块称为"一条消息",由MessagingStyle.Message类表示。消息包含发送者、消息内容以及消息发送时间。

用户之间的通信称为"对话"，由 MessagingStyle 对象表示。对话（或 MessagingStyle）包含标题、若干消息以及这是不是群组对话（即对话具有多个其他接收者）。

为了向用户通知对话更新（例如，有新消息），应用会向 Android 系统发布 Notification。此 Notification 使用 MessagingStyle 对象在通知栏中显示即时通信专用界面。Android 平台还会将此 Notification 传递给 Android Auto，然后系统会提取 MessagingStyle 并用其通过汽车的显示屏发布通知。

应用还可以向 Notification 添加 Action 对象，使用户能够直接在通知栏中快速回复消息或将消息标记为已读。Android Auto 需要使用"标记为已读"和回复 Action 对象，以便管理对话。

总而言之，单个对话由一个 Notification 对象表示，该对象使用一个 MessagingStyle 对象设置样式。MessagingStyle 包含对话中的所有消息，它含有一个或多个 MessagingStyle. Message 对象。最后，为了全面符合 Android Auto 规范，必须将回复和"标记为已读"Action 附加到 Notification。

用户的应用与 Android Auto 之间的典型即时通信流其基本流程如下：

①应用收到一条消息。

②应用生成包含回复和"标记为已读"Action 的 MessagingStyle 通知。

③Android Auto 从 Android 系统收到"新通知"事件，然后查找 MessagingStyle、回复 Action 和"标记为已读"Action。

④Android Auto 生成通知并显示在汽车显示屏上。

⑤如果用户通过汽车显示屏点击通知，Android Auto 会触发"标记为已读"Action。在后台，应用必须处理这个标记为已读事件。

⑥ 如果用户通过语音响应通知，Android Auto 会将用户响应转录包含到回复 Action 中，然后触发此操作。

在后台，应用必须处理此回复事件。

以下代码示例包含用户的应用在开始支持使用 Android Auto 进行即时通信之前应具备的一些功能：

```
data class YourAppConversation(
        id: Int,
        title: String,
        recipients: MutableList<YourAppUser>,
        icon: Bitmap) {
    companion object {
        /** Fetches [YourAppConversation] by its [id]. */
        getById(id: Int): YourAppConversation = //...
    }

    /** Replies to this conversation with the given [message]. */
```

```
reply(message: String) {}

/** Marks this conversation as read. */
markAsRead() {}

/** Retrieves all unread messages from this conversation. */
getUnreadMessages(): List<YourAppMessage> { return /*... */ }
}
data class YourAppUser( id: Int, name: String, icon: Uri)
data class YourAppMessage(
    id: Int,
    sender: YourAppUser,
    body: String,
    timeReceived: Long)
```

(2)声明 Android Auto 支持

当 Android Auto 收到来自即时通信应用的通知时,会检查该应用是否声明了 Android Auto 支持。如需启用此支持,将在应用的清单中添加以下条目:

```
<application>
    ...
    <meta-data
        android:name="com.google.android.gms.car.application"
        android:resource="@xml/automotive_app_desc"/>
    ...
</application>
```

此清单条目引用应创建的另一个 XML 文件,其路径为 YourAppProject/app/src/main/res/xml/automotive_app_desc.xml,该文件中声明了应用所支持的 Android Auto 功能。例如,若要包括对通知的支持,请在 automotive_app_desc.xml 中添加以下代码:

```
<automotiveApp>
    <uses name="notification" />
</automotiveApp>
```

如果需要支持处理短信、彩信和 RCS,还必须添加以下代码:

```
<automotiveApp>
    ...
```

```
    <uses name="sms" />
</automotiveApp>
```

（3）导入 AndroidX 核心库

构建用于 Auto 设备的通知需要安装 AndroidX 核心库，可按如下方式将其导入项目中：

在顶层 build.gradle 文件中，确保包含 Google 的 Maven 代码库，如下所示：

```
allprojects {
    repositories {
        google()
    }
}
```

在应用模块的 build.gradle 文件中，添加 AndroidX 核心库依赖项，如下所示：

```
dependencies {
    implementation 'androidx.core:core:1.0.0'
}
```

（4）处理用户操作

即时通信应用需要一种通过 Action 处理对话更新的方式。对于 Android Auto，应用需要处理两种 Action 对象："回复"和"标记为已读"。推荐的方法是使用 IntentService 实现此目的。IntentService 使系统能灵活地"在后台"处理可能十分占用资源的调用，从而释放应用的主线程。

1）定义 Intent 操作

Intent 操作（不要与通知操作混淆）是简单的字符串，用于标识 Intent 的用途。因为一个服务可以处理多种类型的 Intent，因此定义多个 Intent.action 字符串要比定义多个 IntentService 容易。

即时通信应用中，有两种类型的操作："回复"和"标记为已读"，具体参见以下代码示例中的声明。

```
private const ACTION_REPLY = "com.example.REPLY"
private const ACTION_MARK_AS_READ = "com.example.MARK_AS_READ"
```

2）创建服务

如需创建处理这些 Action 的服务，需要对话 ID 和远程输入键。对话 ID 是由应用定义的任意数据结构，用来标识对话；远程输入键将在本节的后续内容中详细介绍。以下代码创建的就是这样一个服务。

```
private const EXTRA_CONVERSATION_ID_KEY = "conversation_id"
private const REMOTE_INPUT_RESULT_KEY = "reply_input"

/**
* An [IntentService] that handles reply and mark-as-read actions for
* [YourAppConversation]s.
*/
class MessagingService : IntentService("MessagingService") {
    override onHandleIntent(intent: Intent?) {
        // Fetch our internal data
        conversationId = intent.getIntExtra(EXTRA_CONVERSATION_ID_KEY, –1)

        // And search our database for that conversation
        conversation = YourAppConversation.getById(conversationId)

        // Then handle the action that was requested in the intent. The TODOs
        // are addressed in a section below.
        when (intent.action) {
            ACTION_REPLY –> TODO()
            ACTION_MARK_AS_READ –> TODO()
        }
    }
}
```

如需将此服务与应用关联,还需要在应用的清单中注册该服务,如下所示:

```
<application>
    <service android:name="com.example.MessagingService" />
    ...
</application>
```

3)生成和处理 Intent

其他应用无法获取触发 MessagingService 的 Intent,因为每个 Intent 都是通过 PendingIntent 传递给外部应用的。由于存在此限制,因此需要创建 RemoteInput 对象以允许其他应用将"回复"文本提供给应用,如下所示:

```
/**
* Creates a [RemoteInput] which allows remote apps to provide a response string
* to the underlying [Intent] within a [PendingIntent].
```

```
*/
createReplyRemoteInput(context: Context): RemoteInput {
    // RemoteInput.Builder accepts a single parameter: the key to use to store
    // the response in.
    return RemoteInput.Builder(REMOTE_INPUT_RESULT_KEY).build()
    // Note that the RemoteInput has no knowledge of the conversation. This is
    // because the data for the RemoteInput is bound to the reply Intent via
    // static methods in the RemoteInput class.
}

/** Creates an [Intent] which handles replying to the given [appConversation]. */
createReplyIntent(
        context: Context, appConversation: YourAppConversation): Intent {
    // Create the intent backed by the MessagingService.
    intent = Intent(context, MessagingService::class.java)

    // This action string lets the MessagingService know this is a "reply" request.
    intent.action = ACTION_REPLY

    // Provide the conversation id so we know what conversation this applies to.
    intent.putExtra(EXTRA_CONVERSATION_ID_KEY, appConversation.id)

    return intent
}
```

接下来在 MessagingService 中处理 ACTION_REPLY switch 子句的 TODO 并提取该信息，如下所示：

```
ACTION_REPLY -> {
    // Extract reply response from the intent using the same key that the
    // above RemoteInput used.
    results: Bundle = RemoteInput.getResultsFromIntent(intent)
    message = results.getString(REMOTE_INPUT_RESULT_KEY)

    // Note this conversation object came from above in the MessagingService
    conversation.reply(message)
}
```

"标记为已读"Intent 采用类似的处理方式，但不需要 RemoteInput。

```
/** Creates an [Intent] which handles marking the [appConversation] as read. */
createMarkAsReadIntent(
        context: Context, appConversation: YourAppConversation): Intent {
    intent = Intent(context, MessagingService::class.java)
    intent.action = ACTION_MARK_AS_READ
    intent.putExtra(EXTRA_CONVERSATION_ID_KEY, appConversation.id)
    return intent
}
```

以下代码示例在 MessagingService 中处理 ACTION_MARK_AS_READ switch 子句的 TODO：

```
// Marking as read has no other logic.
ACTION_MARK_AS_READ -> conversation.markAsRead()
```

(5)向用户提供消息通知

现在已完成即时通信应用对话操作处理,接下来生成符合 Android Auto 规范的通知。

1)创建操作

Action 是可通过 Notification 传递到其他应用以在原始应用中触发方法的对象。Android Auto 通过此方式将会话标记为已读并进行回复。

如需创建 Action,请从 Intent 开始,如以下"回复"Intent 所示：

```
createReplyAction(
        context: Context, appConversation: YourAppConversation): Action {
    replyIntent: Intent = createReplyIntent(context, appConversation)
    //...
```

然后将 Intent 封装在 PendingIntent 中,以便为外部应用使用做好准备。PendingIntent 通过以下方式限制对所封装 Intent 的所有访问:仅公开一组选定的方法,允许接收方应用触发 Intent 或获取源应用的软件包名称,但绝不允许外部应用访问底层的 Intent 或其中的数据。

```
//...
    replyPendingIntent = PendingIntent.getService(
        context,
        createReplyId(appConversation), // Method explained later.
        replyIntent,
        PendingIntent.FLAG_UPDATE_CURRENT)
    //...
```

在设置回复 Action 时，请注意 Android Auto 对回复 Action 的三项要求：

•语义操作必须设置为 Action.SEMANTIC_ACTION_REPLY。

•此 Action 必须指明在触发时不会显示任何界面。

•此 Action 必须包含单个 RemoteInput。

以下代码示例在满足上述要求的同时设置回复 Action：

```
//...
    replyAction = Action.Builder(R.drawable.reply, "Reply", replyPendingIntent)
        // Provide context to what firing Action does.
        .setSemanticAction(Action.SEMANTIC_ACTION_REPLY)

        // The action doesn't show any UI (it's a requirement for apps to
        // not show UI for Android Auto).
        .setShowsUserInterface(false)

        // Don't forget the reply RemoteInput. Android Auto will use this to
        // make a system call that will add the response string into
        // the reply intent so it can be extracted by the messaging app.
        .addRemoteInput(createReplyRemoteInput(context))
        .build()

    return replyAction
}
```

在"标记为已读"方面，采用相同的处理方式，只是没有 RemoteInput。因此，Android Auto 对"标记为已读"Action 有两项要求：

•语义操作设置为 Action.SEMANTIC_ACTION_MARK_AS_READ。

•该操作指明在触发时不会显示任何界面。

```
createMarkAsReadAction(
        context: Context, appConversation: YourAppConversation): Action {
    markAsReadIntent = createMarkAsReadIntent(context, appConversation)
    markAsReadPendingIntent = PendingIntent.getService(
        context,
        createMarkAsReadId(appConversation), // Method explained below.
        markAsReadIntent,
        PendingIntent.FLAG_UPDATE_CURRENT)
    markAsReadAction = Action.Builder(
        R.drawable.mark_as_read, "Mark as Read", markAsReadPendingIntent)
```

```
        .setSemanticAction(Action.SEMANTIC_ACTION_MARK_AS_READ)
        .setShowsUserInterface(false)
        .build()
    return markAsReadAction
}
```

注意：生成PendingIntent时使用了两个方法：createReplyId()和createMarkAsReadId()。这两个方法相当于每个PendingIntent的请求代码，Android用它们控制各个现有的PendingIntent。换句话说，create()方法应返回唯一ID，但同一对话的重复调用应返回相同的唯一ID。例如，对于对话1，回复ID可以是100，标记为已读ID可以是101。对于对话2，回复ID可以是102，标记为已读ID可以是103。如果对话1发生更新，则回复和标记为已读ID仍将分别为100和101。如需了解详情，请参阅PendingIntent.FLAG_UPDATE_CURRENT。

2）创建MessagingStyle

MessagingStyle是即时通信信息的载体，供Android Auto朗读对话中的每条消息。首先，必须以Person对象的形式指定设备的用户。

```
createMessagingStyle(
        context: Context, appConversation: YourAppConversation): MessagingStyle {
    // Method defined by our messaging app.
    appDeviceUser: YourAppUser = getAppDeviceUser()

    devicePerson = Person.Builder()
        // The display name (also the name that's read aloud in Android auto).
        .setName(appDeviceUser.name)

        // The icon to show in the notification shade in the System UI (outside
        // of Android Auto).
        .setIcon(appDeviceUser.icon)

        // A unique key in case there are multiple people in this conversation with
        // the same name.
        .setKey(appDeviceUser.id)
        .build()
    //...
```

然后，可以构建MessagingStyle对象并提供一些关于对话的详细信息。

```
//...
    messagingStyle = MessagingStyle(devicePerson)
// Set the conversation title. Note that if your app's target version is lower
// than P, this will automatically mark this conversation as a group (to
// maintain backwards compatibility). Simply use #setGroupConversation after
// setting the conversation title to explicitly override this behavior. See
// the documentation for more information.
messagingStyle.setConversationTitle(appConversation.title)

// Group conversation means there is more than 1 recipient, so set it as such.
messagingStyle.setGroupConversation(appConversation.recipients.size > 1)
//...
```

最后，添加未读消息。

```
//...
for (appMessage in appConversation.getUnreadMessages()) {
    // The sender is also represented via a Person object
    senderPerson = Person.Builder()
        .setName(appMessage.sender.name)
        .setIcon(appMessage.sender.icon)
        .setKey(appMessage.sender.id)
        .build()

    // And the message is added. Note that more complex messages (ie. images)
    // may be created and added by instantiating the MessagingStyle.Message
    // class directly. See documentation for details.
    messagingStyle.addMessage(
            appMessage.body, appMessage.timeReceived, senderPerson)
}

return messagingStyle
}
```

3）打包和推送通知

生成 Action 和 MessagingStyle 对象后，就可以构建并发布 Notification。

```
notify(context: Context, appConversation: YourAppConversation) {
    // Create our Actions and MessagingStyle from the methods defined above.
    replyAction = createReplyAction(context, appConversation)
    markAsReadAction = createMarkAsReadAction(context, appConversation)
    messagingStyle = createMessagingStyle(context, appConversation)

    // Create the notification.
    notification = NotificationCompat.Builder(context, channel)
        // A required field for the Android UI.
        .setSmallIcon(R.drawable.notification_icon)

        // Shown in Android Auto as the conversation image.
        .setLargeIcon(appConversation.icon)

        // Add MessagingStyle.
        .setStyle(messagingStyle)

        // Add reply action.
        .addAction(replyAction)

        // Let's say we don't want to show our mark-as-read Action in the
        // notification shade. We can do that by adding it as invisible so it
        // won't appear in Android UI, but still satisfy Android Auto's
        // mark-as-read Action requirement. You're free to add both Actions as
        // visible or invisible. This is just a stylistic choice.
        .addInvisibleAction(markAsReadAction)

        .build()

    // Post the notification for the user to see.
    notificationManagerCompat = NotificationManagerCompat.from(context)
    notificationManagerCompat.notify(appConversation.id, notification)
}
```

1.3.5　构建 Android Auto 导航、停车和充电应用

Android for Cars 应用库可以帮助实现汽车导航、停车和充电应用。为此,它提供了一套模板,这些模板符合防止驾驶员分心的标准,同时它还解决了一些细节问题,例如存在各种车载显示屏类型和输入模式。

（1）关键术语和概念

1）模型和模板

界面由模型对象的图来表示，这些模型对象可以按照它们所属的模板允许的不同方式排列在一起。模板是模型的子集，它们可以在这些图中充当根。模型包含要以文字和图片的形式显示给用户的信息，以及用于配置此类信息的视觉外观各个方面（例如，文字颜色或图片大小）的属性。主机会将模型转换为符合防止驾驶员分心标准的视图，还解决了一些细节问题，例如存在各种车载显示屏类型和输入模式。

2）主机

主机是一个后端组件，它会实现库的 API 提供的功能，以便应用在汽车中运行。从发现应用并管理其生命周期，到将模型转换为视图，再到将用户交互操作通知给应用，这些都属于主机的职责范围。在移动设备上，此主机由 Android Auto 实现。

3）模板限制

不同的模板会对其模型的内容施加限制。例如，列表模板对可以呈现给用户的项数有限制。模板对可以采用什么方式连接它们以形成任务流也有限制。例如，应用最多只能将5个模板推送到屏幕堆栈。

4）Screen

Screen 是一个由库提供的类，应用实现该类来管理呈现给用户的界面。Screen 具有生命周期，并提供了一种机制，可让应用发送要在屏幕可见时显示的模板。此外，也可以将 Screen 实例推送到屏幕堆栈以及从屏幕堆栈中弹出这些实例，这样可以确保它们遵循模板流限制。

5）CarAppService

CarAppService 是一个抽象 Service 类，应用必须实现并导出该类才能被主机发现并由主机进行管理。应用的 CarAppService 负责使用 CarAppService.createHostidator 验证主机连接是否可以信任，随后使用 CarAppService.onCreateSession 为每个连接提供 Session 实例。

6）Session

Session 是一个抽象类，应用必须使用 CarAppService.onCreateSession 实现并返回该类。它充当在车载显示屏上显示信息的入口点，并且具有生命周期，可告知车载显示屏上应用的当前状态，例如当应用可见或隐藏时。

当 Session 开始时（例如当应用首次启动时），主机会使用 Session.onCreateScreen 方法请求要显示的初始 Screen。

（2）配置应用的清单文件

1）声明 CarAppService

主机通过 CarAppService 实现连接到用户的应用。应在清单中声明此服务，以允许主机发现并连接到用户的应用。

还需要在应用的 Intent 过滤器的 category 元素中声明应用的类别。

以下代码展示如何在清单中声明停车应用的汽车应用服务：

```
<application>
    ...
  <service
      ...
        android:name=".MyCarAppService"
        android:exported="true">
      <intent-filter>
        <action android:name="androidx.car.app.CarAppService"/>
        <category android:name="androidx.car.app.category.PARKING"/>
      </intent-filter>
    </service>

      ...
<application>
```

2）支持的应用类别

为了能够在 Play 商店中的 Android Auto 板块上架，应用需要属于某个支持的汽车应用类别。声明汽车应用服务时，可以通过在 Intent 过滤器中添加以下一个或多个支持的类别值来声明应用的类别：

- androidx.car.app.category.NAVIGATION：此类应用提供精细导航方向。
- androidx.car.app.category.PARKING：此类应用提供与查找停车位相关的功能。
- androidx.car.app.category.CHARGING：此类应用提供与查找电动车辆充电站相关的功能。

注意：汽车应用类别与 Google Play 商店中上架应用所选择的类别无关，后者用于帮助用户在 Play 商店中发现最相关的应用。

3）指定应用名称和图标

需要指定应用名称和图标，主机可以使用它们在系统界面中表示用户的应用。

可以使用 CarAppService 的 label 和 icon 元素来指定用于表示应用的应用名称和图标，代码如下：

```
...
<service
    android:name=".MyCarAppService"
    android:exported="true"
    android:label="@string/my_app_name"
    android:icon="@drawable/my_app_icon">
    ...
</service>
...
```

如果未在 service 元素中声明标签或图标，主机将回退到使用为应用指定的值。

4）设置应用的 minSdkVersion

Android Auto 要求用户的应用以 Android 6.0（API级别23）或更高版本为目标平台。

如需在项目中指定此值，请在手机应用模块的 AndroidManifest.xml 文件中将 uses-sdk 元素中的 minSdkVersion 属性设置为 23 或更高版本，如以下代码所示：

```
<manifest xmlns:android="http://schemas.android.com/apk/res/android"... >
    <uses-sdk android:minSdkVersion="23" android:targetSdkVersion="23" />
    ...
</manifest>
```

5）声明 Android Auto 支持

Android Auto 主机会检查应用是否已声明支持 Android Auto。如需启用此支持，请在应用的清单中添加以下条目：

```
<application>
    ...
    <meta-data
        android:name="com.google.android.gms.car.application"
        android:resource="@xml/automotive_app_desc"/>
    ...
</application>
```

此清单条目引用应创建的另一个 XML 文件，其路径为 YourAppProject/app/src/main/res/xml/automotive_app_desc.xml，该文件中声明了应用支持的 Android Auto 功能。

使用 Android for Cars 应用库的应用必须在 automotive_app_desc.xml 文件中声明 template 功能：

```
<automotiveApp>
    <uses name="template" />
</automotiveApp>
```

（3）创建 CarAppService 和 Session

应用需要扩展 CarAppService 类并实现 CarAppService.onCreateSession 方法，该方法会返回一个 Session 实例，它对应于主机的当前连接：

```
public final class HelloWorldService extends CarAppService {
    ...
    @Override
```

```
    @NonNull
    public Session onCreateSession() {
        return new HelloWorldSession();
    }
    ...
}
```

Session实例负责返回要在应用首次启动时使用的Screen实例：

```
public final class HelloWorldSession extends Session {
    ...
    @Override
    @NonNull
    public Screen onCreateScreen(@NonNull Intent intent) {
        return new HelloWorldScreen();
    }
    ...
}
```

若要处理汽车应用需要从应用主屏幕或者主屏幕以外的屏幕启动的情况（例如处理深层链接），可以使用ScreenManager.push，在应用从onCreateScreen返回前预先植入屏幕的返回堆栈。预先植入可让用户从应用显示的第一个屏幕导航回到之前的屏幕。

（4）创建启动屏幕

可以通过定义扩展Screen类的类并实现Screen.onGetTemplate方法来创建由应用显示的屏幕，该方法会返回Template实例，它表示要在车载显示屏上显示的界面状态。

以下代码段展示了如何声明Screen，它使用PaneTemplate模板显示简单的"Hello world!"字符串：

```
public class HelloWorldScreen extends Screen {
    @NonNull
    @Override
    public Template onGetTemplate() {
        Pane pane = new Pane.Builder()
                .addRow(new Row.Builder()
                        .setTitle("Hello world!")
                        .build())
                .build();
        return new PaneTemplate.Builder(pane)
                .setHeaderAction(Action.APP_ICON)
```

```
        .build();
    }
}
```

(5)CarContext类

CarContext类是可由 Session 和 Screen 实例访问的 ContextWrapper 子类,它可提供对汽车服务的访问,例如用于管理屏幕堆栈的 ScreenManager、用于常规应用相关功能(例如访问 Surface 对象以绘制导航应用的地图)的 AppManager,以及精细导航应用就导航元数据及其他导航相关事件与主机通信所用的 NavigationManager。

CarContext 还提供了一些其他功能,例如允许从车载显示屏使用配置加载可绘制资源、使用 Intent 在汽车中启动应用,以及指示导航应用是否应在深色模式下显示其地图。

(6)实现屏幕导航

应用通常会呈现许多不同的屏幕,每个屏幕可能会利用不同的模板,用户可以在与屏幕中显示的界面交互时浏览这些屏幕。

ScreenManager 类提供了一个屏幕堆栈,可以使用它来推送屏幕,当用户选择车载显示屏上的返回按钮或使用某些汽车中提供的硬件返回按钮时,可以自动弹出这些屏幕。

以下代码段展示了如何向消息模板添加返回操作,以及在用户选择新屏幕时推送该屏幕的操作:

```
MessageTemplate template = new MessageTemplate.Builder("Hello world!")
    .setHeaderAction(Action.BACK)
    .addAction(
        new Action.Builder()
            .setTitle("Next screen")
            .setOnClickListener(( ) -> getScreenManager( ).push(new NextScreen()))
            .build())
    .build();
```

Action. BACK 对象是自动调用 ScreenManager. pop 的标准 Action。可通过使用 CarContext 提供的 OnBackPressedDispatcher 实例来替换此行为。

为了确保应用在汽车行驶过程中能够保障安全,屏幕堆栈的最大深度为5个屏幕。

(7)刷新模板的内容

应用可通过调用 Screen.inidate 方法来请求使 Screen 的内容无效。主机随后回调应用的 Screen.onGetTemplate 方法,以检索包含新内容的模板。

刷新 Screen 时,请务必了解模板中可更新的特定内容,以便主机不会将新模板计入模板配额。

建议为屏幕设置适当的结构,以使 Screen 与其通过 Screen.onGetTemplate 实现返回的模板类型之间存在一对一的映射关系。

(8)处理用户输入

应用可通过将适当的监听器传递给支持它们的模型来响应用户输入。以下代码段展示了如何创建一个 Action 模型,该模型设置了一个 OnClickListener,它会回调由应用代码定义的方法:

```
Action action = new Action.Builder()
    .setTitle("Navigate")
    .setOnClickListener(this::onClickNavigate)
    .build();
```

onClickNavigate 方法可使用 CarContext.startCarApp 方法启动默认的汽车导航应用:

```
private void onClickNavigate() {
    Intent intent = new Intent(CarContext. ACTION_NAVIGATE, Uri. parse("geo: 0, 0? q= " +
address));
    getCarContext().startCarApp(intent);
}
```

某些操作(例如那些需要引导用户在其移动设备上继续交互的操作)只有在汽车停好后才允许执行。可以使用 ParkedOnlyOnClickListener 实现这些操作。如果汽车没有停好,主机会向用户显示一条消息,指出在这种情况下不允许执行该操作。如果汽车已停好,代码就会正常执行。以下代码段展示了如何使用 ParkedOnlyOnClickListener 在移动设备上打开设置屏幕:

```
Row row = new Row.Builder()
    .setTitle("Open Settings")
    .setOnClickListener(
        ParkedOnlyOnClickListener.create(this::openSettingsOnPhone) )
    .build();
```

(9)显示通知

发送到移动设备的通知只有在使用 CarAppExtender 扩展后才会显示在车载显示屏上。某些通知属性(例如内容标题、文字、图标和操作)可以在 CarAppExtender 中设置,从而在通知显示在车载显示屏上时替换其属性。

以下代码段展示了如何向车载显示屏发送一条通知,让其显示的标题不同于移动设备上显示的标题:

```
Notification notification =
    new NotificationCompat.Builder(context, NOTIFICATION_CHANNEL_ID)
        .setContentTitle(titleOnThePhone)
        .extend(
            new CarAppExtender.Builder()
                .setContentTitle(titleOnTheCar)
                ...
                .build())
        .build();
```

通知可能会影响界面的以下几个部分：

· 可能会向用户显示浮动通知（HUN）。

· 可能会在通知中心添加一个条目，并且选择性地在侧边栏显示一个标志。

· 对于导航应用，通知可能会显示在侧边栏微件中，如精细导航通知中所述。

应用可以通过使用通知的优先级，选择如何配置通知以影响每个界面元素，如 CarAppExtender 文档中所述。

如果调用 NotificationCompat.Builder.setOnlyAlertOnce 且将值设置为 true，则高优先级通知将只显示为 HUN 一次。

注意：库未提供仅向车载显示屏发送通知而不向移动设备发送通知的功能。

（10）显示消息框

应用可以使用 CarToast 显示消息框，如以下代码段所示：

```
CarToast.makeText(getCarContext(), "Hello!", CarToast.LENGTH_SHORT).show();
```

（11）使用 Intent 启动汽车应用

可以调用 CarContext.startCarApp 方法来执行以下某项操作：

· 打开拨号器拨打电话。

· 使用默认汽车导航应用开始精确导航到某个位置。

· 使用 Intent 启动自己的应用。

以下示例展示了如何创建一条通知，该通知包含一项操作，即打开应用中显示停车预订详情的屏幕。可以使用内容 Intent 扩展通知实例，该 Intent 包含 PendingIntent，它将显式 Intent 封装到应用的操作中：

```
Notification notification = notificationBuilder.
        ...
        .extend(
            new CarAppExtender.Builder()
                .setContentIntent(
```

```
        PendingIntent.getBroadcast(
            context,
            ACTION_VIEW_PARKING_RESERVATION.hashCode(),
            new Intent(ACTION_VIEW_PARKING_RESERVATION)
                .setComponent(new ComponentName(context, MyNotification
                Receiver.class)),
            0))
    .build())
```

应用还必须声明 BroadcastReceiver，当用户在通知界面中选择相应的操作并使用包含数据 URI 的 Intent 调用 CarContext.startCarApp 时，会调用该类来处理 Intent：

```
public class MyNotificationReceiver extends BroadcastReceiver {
    @Override
    public void onReceive(Context context, Intent intent) {
        String intentAction = intent.getAction();
        if (ACTION_VIEW_PARKING_RESERVATION.equals(intentAction)) {
            CarContext.startCarApp(
                intent,
                new Intent(Intent.ACTION_VIEW)
                    .setComponent(new ComponentName(context, MyCarAppService.class))
                    .setData(Uri.fromParts(MY_URI_SCHEME, MY_URI_HOST, intentAction)));
        }
    }
}
```

最后，应用中的 Session.onNewIntent 方法通过在堆栈上推入停车预订屏幕（如果还没有在顶部）来处理此 Intent：

```
@Override
public void onNewIntent(@NonNull Intent intent) {
    Uri uri = intent.getData();
    if (uri != null
        && MY_URI_SCHEME.equals(uri.getScheme())
        && MY_URI_HOST.equals(uri.getSchemeSpecificPart())
        && ACTION_VIEW_PARKING_RESERVATION.equals(uri.getFragment())) {

        Screen top = screenManager.getTop();
        if (!(top instanceof ParkingReservationScreen)) {
```

```
        ScreenManager screenManager = getCarContext().getCarService(ScreenManager.class);
        screenManager.push(new ParkingReservationScreen(getCarContext()));
      }
    }
  }
```

(12)模板限制

主机将针对给定任务显示的模板数限制为最多5个,在这5个模板中,最后一个模板必须是以下某种类型:

- •NavigationTemplate
- •PaneTemplate
- •MessageTemplate

请注意,此限制适用于模板数,而不是堆栈中的Screen实例数。例如,如果在屏幕A中,应用发送了2个模板,然后推送屏幕B,那么它现在可以再发送3个模板。或者,如果将每个屏幕的结构都设置为发送单个模板,那么应用可以将5个屏幕实例推送到ScreenManager堆栈上。

注意:在使用Android Auto进行开发的过程中,先启用开发者模式,然后在开发者设置屏幕中选择启用叠加式调试界面,即可看到叠加在屏幕上的当前步骤数。

1)模板刷新

某些内容更新不计入模板限制。一般来说,只要应用推送的新模板所属的类型及其包含的主要内容与之前的模板相同,就不会将新模板计入配额。例如,更新ListTemplate中某一行的切换状态不会计入配额。

2)返回操作

为了在任务中启用子流,主机会检测应用何时从ScreenManager堆栈中弹出Screen,并根据应用倒退的模板数更新剩余配额。

例如,如果在屏幕A中,应用发送了2个模板,然后推送屏幕B并且又发送了2个模板,那么应用的剩余配额就为1。如果应用现在弹回到屏幕A,主机会将配额重置为3,因为应用倒退了2个模板。

请注意,当弹回到某个屏幕时,应用发送的模板所属的类型必须与该屏幕上次发送的模板的类型相同。发送其他任何类型的模板都会导致错误。不过,只要类型在返回操作期间保持不变,应用就可以随意修改模板的内容,而不会影响配额。

3)重置操作

某些模板具有表示任务结束的特殊语义。例如,NavigationTemplate是一个视图,它应该会持续显示在屏幕上,并使用新的精细导航指示进行刷新,以供用户使用。到达其中一个模板时,主机会重置模板配额,将该模板当作新任务的第一步来对待,从而使应用能够开始新任务。如需了解哪些模板会在主机上触发重置操作,请参阅各个模板的文档。

如果主机收到通过通知操作或从启动器启动应用的Intent,也会重置配额。此机制使应用能够从通知开始新任务流,即使应用已绑定且在前台运行,也是如此。

（13）构建停车或充电应用

1）在清单中声明类别支持

应用需要在其 CarAppService 的 Intent 过滤器中声明 androidx. car. app. category. PARKING 或 androidx.car.app.category.CHARGING 汽车应用类别。例如：

```
<application>
    ...
    <service
      ...
        android:name=".MyCarAppService"
        android:exported="true">
      <intent-filter>
        <action android:name="androidx.car.app.CarAppService" />
        <category android:name="androidx.car.app.category.PARKING"/>
      </intent-filter>
    </service>
    ...
<application>
```

2）访问地图模板

应用可以访问 PlaceListMapTemplate，该模板专门用于在由主机渲染的地图上显示一系列感兴趣的地点。

为了能够访问此模板，应用需要在其 AndroidManifest. xml 中声明 androidx. car. app. MAP_TEMPLATES 权限：

```
<uses-permission android:name="androidx.car.app.MAP_TEMPLATES"/>
```

（14）构建导航应用

1）在清单中声明导航支持

导航应用需要在其 CarAppService 的 Intent 过滤器中声明 androidx. car. app. category. NAVIGATION 汽车应用类别：

```
<application>
    ...
    <service
      ...
        android:name=".MyNavigationCarAppService"
        android:exported="true">
      <intent-filter>
```

```
            <action android:name="androidx.car.app.CarAppService" />
            <category android:name="androidx.car.app.category.NAVIGATION"/>
        </intent-filter>
    </service>
    ...
<application>
```

2）支持导航 Intent

为了支持发送到应用的导航 Intent（包括来自 Google 助理的语音查询导航 Intent），应用需要在其 Session. onCreateScreen 和 Session. onNewIntent 中处理 CarContext. ACTION_ NAVIGATE intent。

3）访问导航模板

导航应用可以访问专为导航应用设计的以下模板。所有这些模板都会在后台显示一个 Surface，应用可以访问该 Surface 以便绘制地图，这些模板还会显示应用提供的其他信息，这些信息因模板而异。

• NavigationTemplate：在有效导航期间，显示地图以及可选的信息性消息或路线方向和出行估计数据。

• PlaceListNavigationTemplate：显示地点列表，可以在地图上为这些地点绘制相应的标记。

• RoutePreviewNavigationTemplate：显示路线列表，可以选择其中一个路线并在地图上突出显示。

如需详细了解如何使用这些模板设计导航应用的界面，请参阅 Android for Cars 应用库设计准则。

为了能够访问导航模板，应用需要在其 AndroidManifest.xml 中声明 androidx.car.app. NAVIGATION_TEMPLATES 权限：

```
<uses-permission android:name="androidx.car.app.NAVIGATION_TEMPLATES"/>
```

4）绘制地图

导航应用可以访问 Surface，以在相关模板上绘制地图。然后，可以通过将 SurfaceCallback 实例设置为 AppManager 汽车服务来访问 SurfaceContainer 对象：

```
carContext.getCarService(AppManager.class).setSurfaceCallback(surfaceCallback);
```

当 SurfaceContainer 可用时，SurfaceCallback 会提供一个回调；当 Surface 的属性发生更改时，它还会提供其他回调。

为了能够访问 Surface，应用需要在其 AndroidManifest.xml 中声明 androidx.car.app. ACCESS_SURFACE 权限：

```
<uses-permission android:name="androidx.car.app.ACCESS_SURFACE"/>
```

5）地图的可见区域

主机可能会在地图上为不同的模板绘制界面元素。主机将通过调用 SurfaceCallback.onVisibleAreaChanged 来告知保证不被遮挡而完全对用户可见的区域。此外，为了最大限度地减少更改次数，主机还会根据当前模板使用将会可见的最大矩形来调用 SurfaceCallback.onStableAreaChanged 方法。

例如，如果导航应用使用的是顶部带有操作栏的 NavigationTemplate，当用户有一段时间没有与屏幕交互时，该操作栏可能会隐藏自身，以便为地图腾出更多空间。在这种情况下，将使用相同的矩形对 onStableAreaChanged 和 onVisibleAreaChanged 进行回调。当操作栏处于隐藏状态时，仅使用较大的区域调用 onVisibleAreaChanged。如果用户与屏幕交互，则同样仅使用第一个矩形调用 onVisibleAreaChanged。

6）深色模式

当主机确定条件允许时，导航应用必须使用适当的深色将地图重新绘制到 Surface 实例上，如 Android Auto 应用质量准则中所述。

为了决定是否应绘制深色地图，可以使用 CarContext.isDarkMode 方法。每当深色模式状态发生变化时，都会收到对 Session.onCarConfigurationChanged 的调用。

7）导航元数据

导航应用必须就额外的导航元数据与主机通信。主机利用这些信息向车机提供信息，并防止导航应用在共享资源上发生冲突。

导航元数据通过可从 CarContext 访问的 NavigationManager 汽车服务提供：

```
NavigationManager navigationManager = carContext.getCarService(NavigationManager.class);
```

①开始、结束和停止导航：

为了让主机管理多个导航应用、路线通知和车辆仪表板数据，它需要了解导航的当前状态。当用户开始导航时，应用应调用 NavigationManager.navigationStarted。同样，当导航结束时，例如当用户到达目的地或用户取消导航时，应用应调用 NavigationManager.navigationEnded。

只有在用户完成导航时，才能调用 NavigationManager.navigationEnded。例如，如果需要在行程中间重新计算路线，请改用 Trip.Builder.setLoading(true)。

有时，主机需要应用停止导航，并将在应用通过 NavigationManager.setListener 提供的 NavigationManagerListener 对象中调用 stopNavigation。然后，应用必须停止在仪表板屏幕、导航通知和语音导航中发出下一个转弯的信息。

②行程信息：

在有效导航期间，应用调用 NavigationManager.updateTrip。此调用中提供的信息将用于车辆的仪表板和平视显示仪。并非所有信息都可以显示给用户，具体取决于驾驶的特定车辆。

为了测试信息是否到达仪表板，可以配置桌面车机（DHU）工具以显示简单的仪表板屏幕。创建一个包含以下内容的 cluster.ini 文件：

```
[general]
instrumentcluster = true
```

然后，可以使用一个额外的命令行参数调用 DHU：

```
dhu -c cluster.ini
```

8）精细导航通知

精细导航（TBT）指示可以通过频繁更新的导航通知来提供。为了在车载显示屏中被视为导航通知，通知的构建器必须执行以下操作：

- 使用 NotificationCompat.Builder.setOngoing 方法将通知标记为持续性通知。
- 将通知的类别设置为 Notification.CATEGORY_NAVIGATION。
- 使用 CarAppExtender 扩展通知。

导航通知将显示在车载显示屏底部的侧边栏微件中。如果通知的重要性级别设置为 IMPORTANCE_HIGH，它也会显示为浮动通知（HUN）。如果未使用 CarAppExtender.Builder.setImportance 方法设置重要性，将采用通知渠道的重要性。

应用可以在 CarAppExtender 中设置 PendingIntent，当用户点按 HUN 或侧边栏微件时，会将其发送到应用。

如果调用 NotificationCompat.Builder.setOnlyAlertOnce 且将值设置为 true，则高重要性通知将只以 HUN 的形式提醒一次。

以下代码段展示了如何构建导航通知：

```
new NotificationCompat.Builder(context, myNotificationChannelId)
    ...
    .setOnlyAlertOnce(true)
    .setOngoing(true)
    .setCategory(NotificationCompat.CATEGORY_NAVIGATION)
    .extend(
        new CarAppExtender.Builder()
            .setContentTitle(carScreenTitle)
            ...
            .setContentIntent(
                PendingIntent.getBroadcast(
                    context,
                    ACTION_OPEN_APP.hashCode(),
                    new Intent(ACTION_OPEN_APP)
                        .setComponent(
                        new ComponentName(context, MyNotificationReceiver.class)),
                    0))
```

```
        .setImportance(NotificationManagerCompat.IMPORTANCE_HIGH)
    .build())
```

·精细导航通知的准则。

导航应用应随着距离的变化定期更新TBT通知,这样会更新侧边栏微件,并且只将通知显示为HUN。应用可使用CarAppExtender.Builder.setImportance方法设置通知的重要性,由此控制HUN行为。将重要性设置为IMPORTANCE_HIGH将显示HUN,将其设置为其他任何值都将只更新侧边栏微件。

注意:当应用在车载显示屏上显示路线信息时(例如,在有效导航到目的地期间),会抑制TBT HUN。

9)语音导航

如需通过汽车扬声器播放导航指导,应用必须请求音频焦点。作为AudioFocusRequest的一部分,将用法设置为AudioAttributes.USAGE_ASSISTANCE_NAVIGATION_GUIDANCE。还应将焦点获取设置为AudioManager.AUDIOFOCUS_GAIN_TRANSIENT_MAY_DUCK。

10)模拟导航

为了在将应用提交到Google Play商店时验证其导航功能,应用必须实现NavigationManagerCallback.onAutoDriveEnabled回调。如果调用了此回调,当用户开始导航时,应用应模拟导航到选定的目的地。只要当前Session的生命周期达到Lifecycle.Event#ON_DESTROY状态,应用就可以退出此模式。

可以通过从命令行执行以下命令来测试是否调用了onAutoDriveEnabled实现:

```
adb shell dumpsys activity service CAR_APP_SERVICE_NAME AUTO_DRIVE
```

11)默认汽车导航应用

在Android Auto中,默认汽车导航应用为用户最近启动的导航应用。例如,当用户通过助理调用导航命令或其他应用发送Intent以开始导航时,则就是接收导航Intent的应用。

(15)CarAppService、Session和Screen的生命周期

Session和Screen类实现了LifecycleOwner接口。当用户与应用交互时,系统将调用Session和Screen对象的生命周期回调,如图1-2和图1-3所示。

(16)测试库

Android for Cars测试库提供了一些辅助类,可用于在测试环境中验证应用的行为。例如,借助SessionController可以模拟与主机的连接,验证是否创建并返回正确的Screen和Template。

(17)在真实的车机上运行应用

为了让应用在真实的车机(而不是提供的桌面车机)上运行,必须通过Google Play商店来分发应用。这样可确保应用经过测试和审查,遵循准则。这些准则可确保应用与汽车环境相关,并防止驾驶员分心。

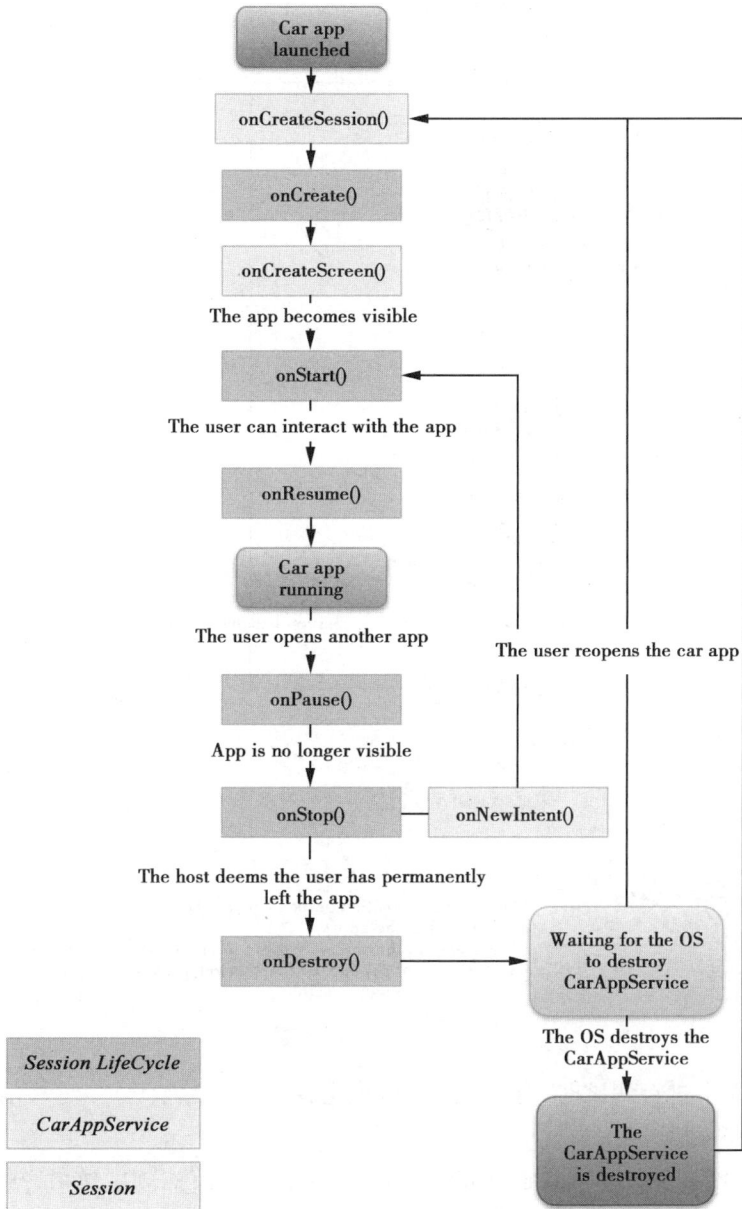

图1-2　CarAppService、Session的生命周期

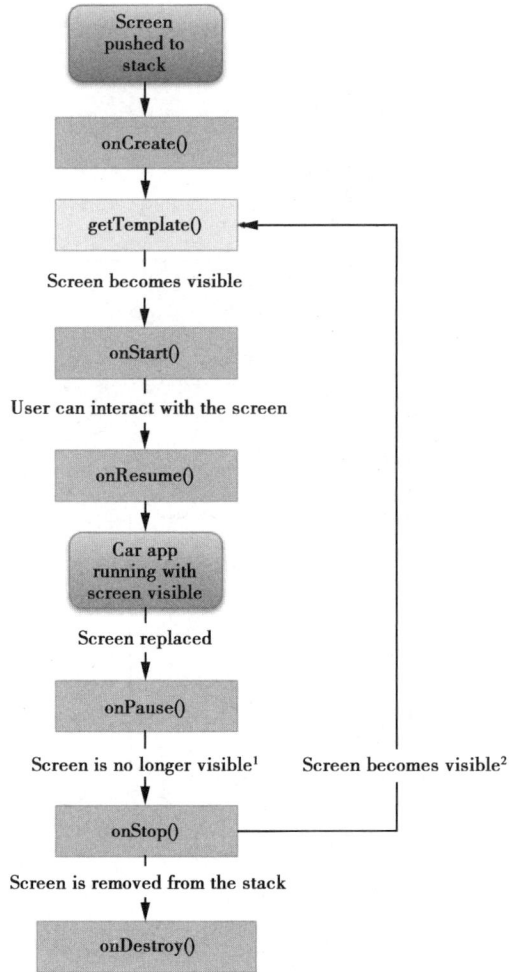

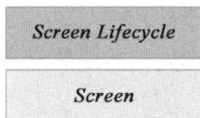

图1-3　Screen的生命周期

在开发过程中进行测试时,有3个选项可供选择:

•使用桌面车机。

•将应用推送到Google Play商店的internal test track。内部测试轨道允许手动添加团队,以便进行内部测试。发布到此轨道不需要Play商店审核。

•通过Google Play管理中心中的internal app sharing共享应用。与内部测试轨道类似,这不需要Play商店审核。

每当将APK发布到其他任何轨道(包括封闭式轨道)时,应用都会先经历审核流程,然后才被批准进入 Play 商店中的该轨道。如果应用未能通过审核流程,将收到有关为什么未通过的信息。此流程能够修复所有问题,以便符合准则。

1.4　任务实施

1.4.1　应用启动器

(1)解析主体功能

应用程序启动器让用户可以浏览可用的应用程序和其他主要选项,然后选择想要启动的应用程序。用户可以从导航栏上的应用程序按钮访问启动器,还可以自定义他们的应用程序在启动器中的显示方式,包括是否显示建议的应用程序。

启动器在垂直滚动的网格中显示可用的应用程序和选项。在默认布局中,顶部固定有一排建议的应用程序。在该行下方,应用程序按字母顺序列出,但最先出现的退出选项除外。当用户在启动器中自定义应用程序的顺序时,建议的应用程序行会消失,如图1-4所示。

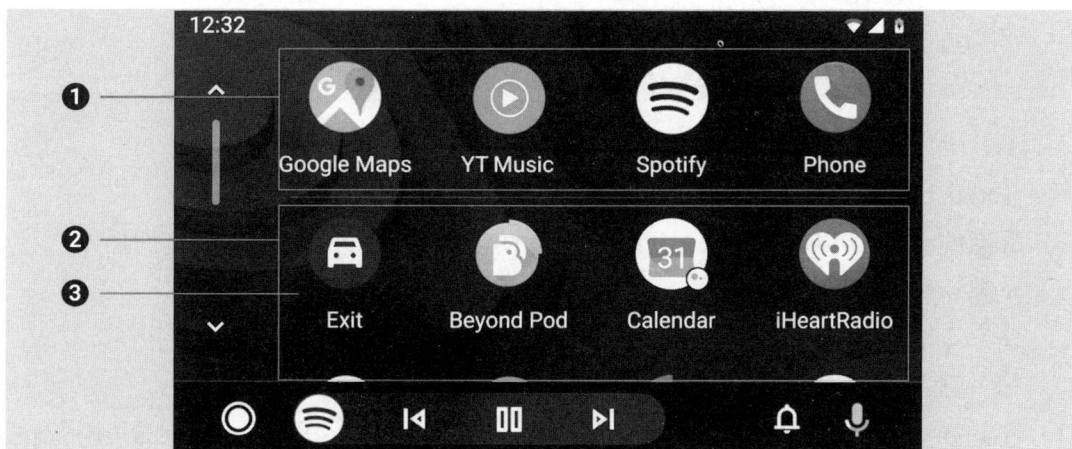

图1-4　应用启动器

应用程序启动器的默认布局包括:

①最近使用的应用程序:通常是按类别排列的4个最近使用的应用程序。

②可滚动应用程序列表:按字母顺序排列,除非用户自定义顺序。

③退出选项:用于退出到汽车的本机系统。

(2)了解助手操作

助手操作选项与启动器中的应用程序一起显示。选择这些操作会调用助手来帮助完成语音交互有帮助的特定任务,如图1-5所示。

图1-5 助手操作

1.4.2 导航栏

(1)解析主体功能

Android Auto导航栏提供对应用程序、通知和助手的快速访问以及允许与另一个应用程序进行多任务处理的小部件。

当Android Auto运行时,导航栏始终可见。它出现在屏幕底部或侧面,具体取决于屏幕尺寸和车辆中的控件类型,如图1-6所示。

图1-6 导航栏

①应用程序按钮:打开启动器(汽车中所有可用应用程序的列表)。
②系统小部件:显示当前未在屏幕上显示的第二个正在进行的应用程序的控件。
③通知按钮:打开通知中心。
④助手按钮:打开助手用于语音交互。

(2)了解设计上的变化

①翻转的水平导航栏:对于右侧驾驶车辆,导航栏中的项目排列是相反的,从右到左而不是从左到右。颠倒顺序是最重要的元素最接近驱动程序,如图1-7所示。

图1-7 翻转的水平导航栏

②垂直导航栏:由于垂直外形的空间限制,垂直版本出现在屏幕的一侧,并具有应用程序图标而不是系统小部件。此版本用于带有触摸板或宽屏幕的车辆。当它在宽屏幕上使用时,小部件可以出现在次要空间中,如图1-8所示。

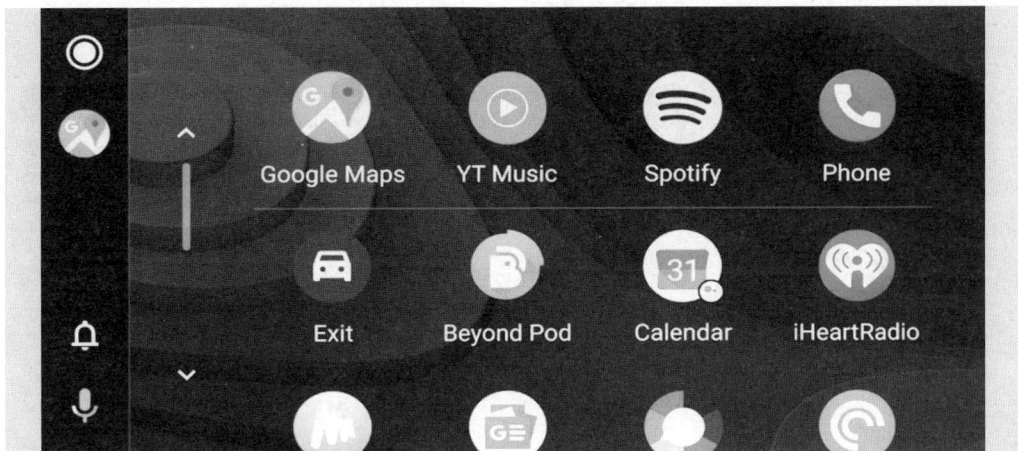

图1-8　垂直导航栏

③在宽屏幕上放置小部件：在带有垂直导航栏的宽屏布局中，系统小部件可以出现在屏幕另一侧的辅助空间中，利用这些额外的空间，小部件有空间显示导航栏版本不适合的额外信息，例如下面示例中的"Arrive at 12：42"文本，如图1-9所示。

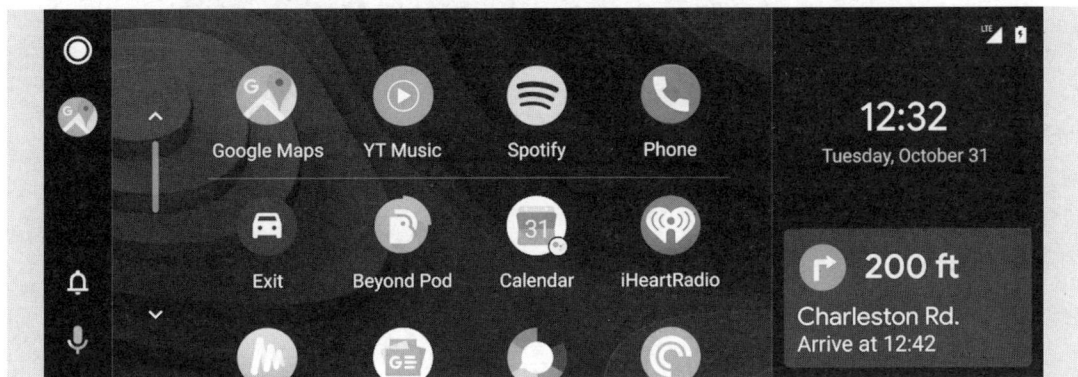

图1-9　在宽屏幕上放置小部件

1.4.3　通知

（1）解析主体功能

通知可提供相关事件（例如电话或消息）的简洁及时的信息，以及用户可以采取的响应措施。用户可以在通知中心第一次到达时回复通知或稍后访问通知。

在 Android Auto 中，通知通过将内容缩减为最基本的元素而被设计成易于浏览的样式。无论通知在通知中心显示为浮动通知（HUN）还是卡片，每个通知都包含：

·标识发送通知的应用程序的图标。

·与通知相关的主要和次要文本。

·最多2个操作按钮。

·头像图像（如果适用）。

浮动通知（HUN）如图1-10所示。

①应用程序图标;②头像;③次要操作;④关闭

图1-10 浮动通知

卡片通知如图1-11所示。

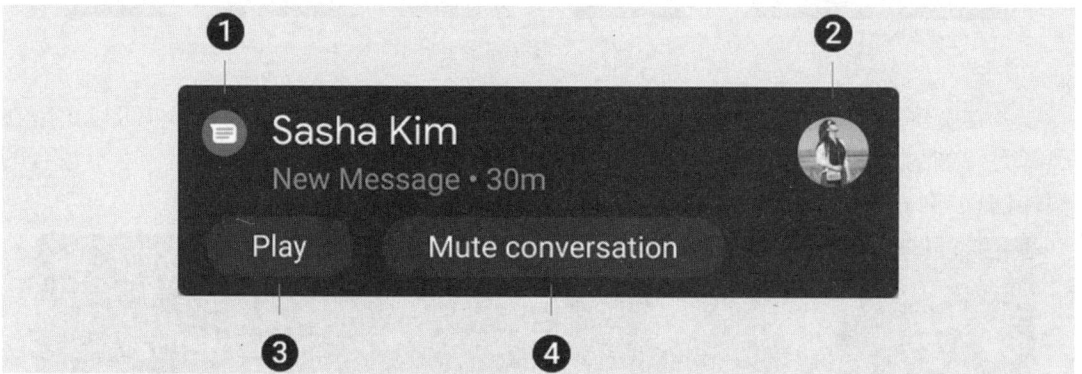

①应用程序图标;②头像;③主要动作;④次要动作

图1-11 卡片通知

(2)通知出现的位置

用户有两种机会与大多数通知进行交互:

·当它们第一次出现时,作为提醒通知(HUN)。

·稍后,在通知中心显示为卡片。

作为HUN到达的通知可以随时出现,暂时覆盖当前屏幕的一部分。用户可以使用其操作按钮响应通知,也可以通过点击关闭按钮关闭它。否则,通知会在很短的时间间隔后超时,并在通知中心显示为卡片。错过回复HUN机会的用户(左)可以稍后在通知中心(右)与它进行交互,如图1-12所示。

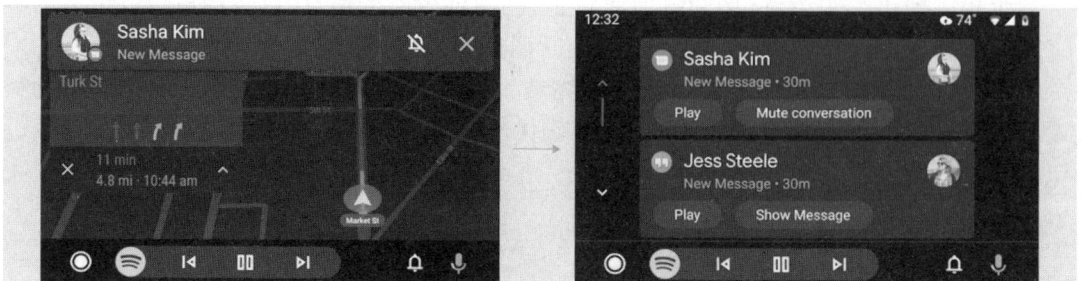

图1-12 通知出现的位置

(3)通知类别

Android Auto中显示的通知,仅限于那些被认为重要到可以在驾驶情况下出现并可能打扰驾驶员的通知。

其中包括以下类别的通知:

•导航说明(仅限 HUN;未保存到通知中心)。

•电话(仅限 HUN;未保存到通知中心)。

•留言。

•提醒(仅限通知中心)。

•当前播放的媒体(仅限 HUN;未保存到通知中心)。

①导航通知:仅作为 HUN 出现,应用开发者可以自定义导航通知的背景颜色,使其更加醒目,如图1-13所示。

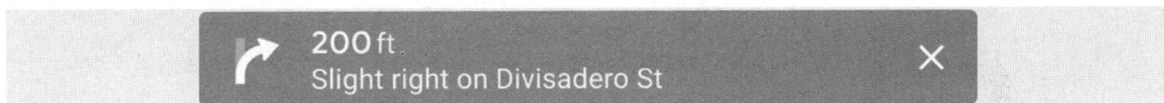

图1-13 导航通知

②来电通知:也称呼叫通知,仅显示为 HUN。HUN 上的按钮允许用户接听或拒绝呼叫,如图1-14所示。

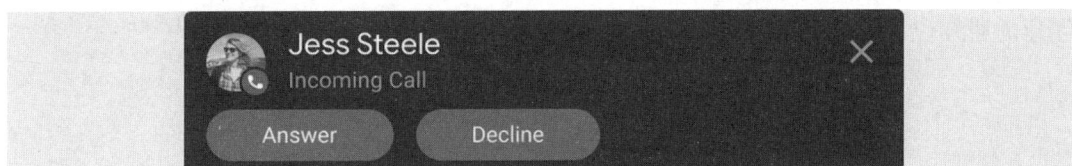

图1-14 来电通知

③消息通知:作为 HUN 到达,然后发送到通知中心。想要阻止特定对话中的消息显示为 HUN 的用户可以将对话静音,因此消息仅显示在通知中心中。用户可以在助手的帮助下播放消息并使用语音回复消息。浮动消息通知,如图 1-15 所示。卡片消息通知,如图 1-16 所示。

图1-15 浮动消息通知

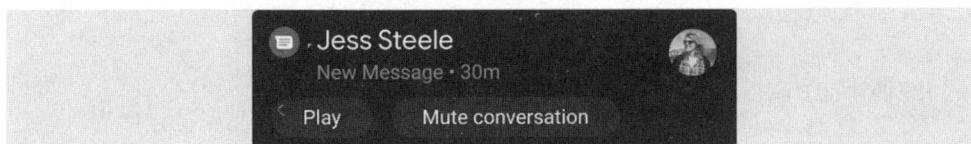

图1-16 卡片消息通知

④提醒通知：用户可以在通知中心查看提醒通知。对于这些通知，系统提供的唯一操作是取消，如图1-17所示。

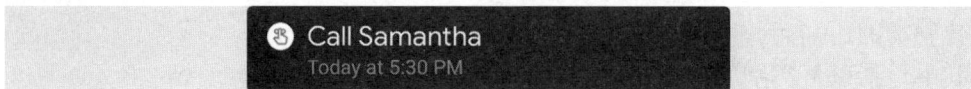

图1-17　提醒通知

⑤媒体通知：仅作为HUN出现，因为它们与当前播放的媒体选择有关，如图1-18所示。

图1-18　媒体通知

（4）通知中心

在作为提醒通知（HUN）短暂出现之后，大多数通知都存储在通知中心中（导航和媒体通知，以及发送应用程序撤回或过期的任何通知例外）。用户可以通过导航栏上的钟形通知按钮访问通知中心。

通知中心在垂直滚动列表中显示通知卡片。卡片按接收时间进行排序，最近收到或创建的通知位于顶部，如图1-19所示。

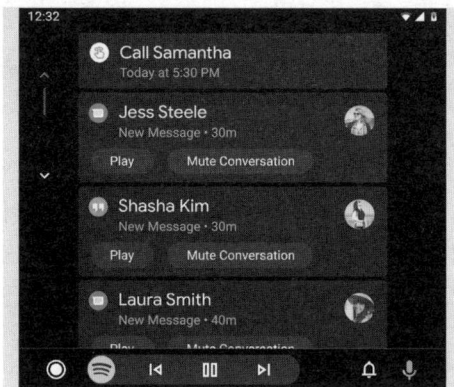

图1-19　通知中心

1.4.4　状态栏

（1）解析主体功能

状态栏显示时间和天气信息，以及系统状态详细信息，例如连接和电池电量。状态栏出现在屏幕顶部并显示如图1-20所示的元素。用户可以在"设置"中打开和关闭天气显示。左侧驾驶汽车和右侧驾驶汽车的状态栏元素以相同的顺序出现。

①时钟：当前时间的数字显示；②天气信息：测试和天气图标；
③连接：Wi-Fi 和电池；④电池电量
图1-20　状态栏

（2）背景选项

状态栏的背景有3个选项，即不透明、透明和半透明渐变。

虽然默认选项是使用不透明背景，但应用程序开发人员也可以为其应用程序中的状态栏选择透明或半透明背景。

①不透明：默认情况下，状态栏呈现不透明背景，以尽可能保护状态栏元素的易读性。但是，选择某种程度的透明度可在状态栏和应用程序内容之间提供更无缝过渡，并允许显示更多的应用程序内容。

②透明：屏幕在状态栏元素后面提供足够对比度的应用程序可以使用透明背景。目前，此选项用于大多数媒体和通信应用程序，以及应用程序启动器等系统体验。如图1-21所示，屏幕顶部已经有纯色背景，因此状态栏的透明背景有助于它无缝融合。

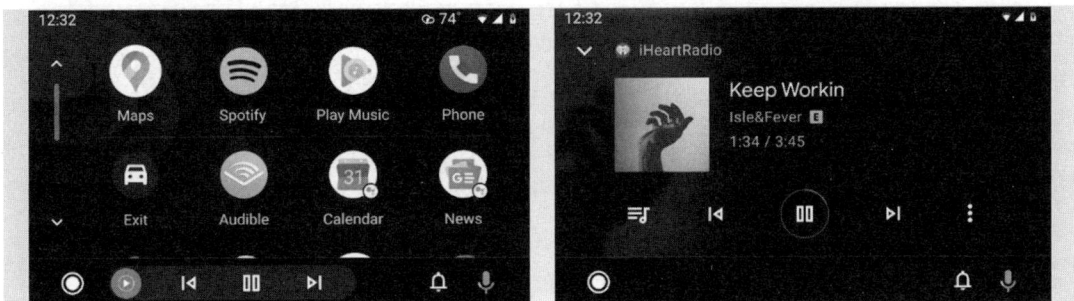

图1-21　透明背景

③半透明渐变：显示延伸到屏幕顶部的视觉信息的应用程序可以为状态栏提供具有线性渐变的半透明背景。渐变为状态栏元素提供了足够的不透明度使其可读，而部分透明度有助于保持应用程序的信息可见，如图1-22所示，导航应用程序可以在状态栏后面使用半透明的线性渐变来保持地图元素可见，同时也使状态栏元素可读。

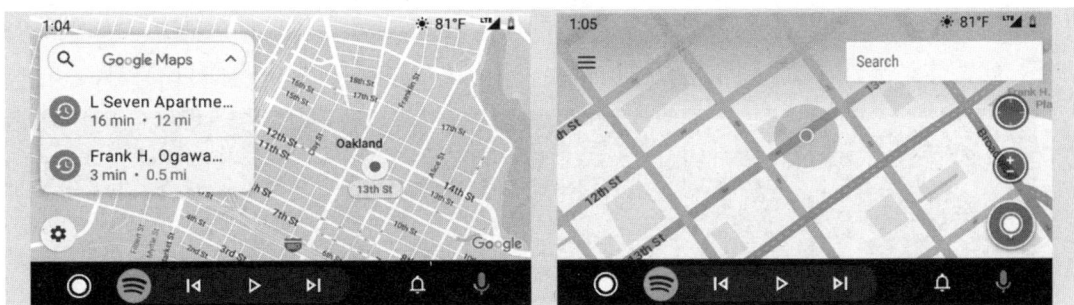

图1-22　半透明渐变背景

1.4.5　小工具

（1）解析主体功能

Android Auto支持3种主要类型的系统小部件，以帮助用户进行多任务处理。

•用于控制正在进行的电话呼叫的拨号器小部件。

•导航小部件，用于在不在地图中时显示转弯指示。

•用于在其他应用程序中控制正在进行的媒体播放的媒体小部件。

小部件显示应用程序图标和应用程序信息或最多3个应用程序控件。关于在任何给定时间在导航栏中显示哪个小部件取决于哪些应用程序打开以及它们对驱动程序的相对优先级是什么。

（2）拨号器小部件

如果用户正在接听电话，而屏幕上正在显示另一种类型的应用程序，则拨号器小部件会出现在导航栏中。使用拨号器小部件，用户可以在不切换屏幕的情况下控制电话呼叫。如图1-23所示，拨号器小部件提供静音或结束通话的选项，用户无须离开地图屏幕。

图1-23　拨号器小部件

（3）导航小部件

当地图屏幕未显示时，导航小部件会提供有用的详细信息。如图1-24所示，导航小部件在用户浏览和播放媒体时提供有关即将到来的转弯的信息。

（4）媒体小部件

当媒体应用程序未显示在屏幕上时，媒体小部件最多可为正在播放的内容提供3个控件。应用程序开发人员可以决定为他们的应用程序显示哪些控件最有用。如图1-25所示，此媒体小部件显示用于向后跳过、暂停音乐播放或向前跳到下一曲目的控件。

图1-24　导航小部件

图1-25　媒体小部件

1.5　项目小结

通过本项目的学习，了解 Android Auto——它是系统中的系统，有一个背景和一种主屏幕。但是，用户一次只能使用一个应用程序，只有最少的通知，而且只能使用已扩展到 Android Auto 的消息应用程序。当然，重点是尽可能少一些驾驶过程中的分心，同时仍然能够使用这个东西。

主要选项都停靠在屏幕的底部：导航、电话、主屏幕、音频。这是应用程序之间切换的地方。用户可对主屏幕进行个性化设置：气象信息、新闻推送、通话及通话记录、短信及即时消息以及其他任何当前正在播放的多媒体消息，学会 Android Auto 的上手与操作。

1.6　拓展练习

简述 Android Auto 系统 UI 的基本组成。（△）

项目2
智能网联车载收音机界面设计实现 ························◎

项目背景

  长时间驾驶汽车是件十分枯燥的事情,驾驶员很容易疲劳。如果能够一边开车,一边收听喜欢的电台节目,既不会过分地分散驾驶员的注意力,也可以缓解驾驶员的疲劳。车载收音机无疑成了车辆上不可或缺的一个重要组成部分。

所支撑的职业技能

  通过本项目的学习,掌握安装配置 Android Studio 的方法,掌握构建车载收音机界面的方法,掌握实现车载收音机界面组件状态的方法并实现自定义消息框。

重点与难点

  ◇重点
- 了解布局的基本概念和常用布局的使用方法。
- 掌握设置背景及样式控制的方法。
- 掌握基本组件的使用方法及事件控制。
- 了解获得屏幕相关的辅助类的使用。

  ◇难点
- 了解"打气筒"工具。
- 了解常用单位的概念及基本使用。
- 掌握蒙版的制作方法。

2.1 安装配置 Android Studio

2.1.1 下载 Android Studio

Android Studio是谷歌公司推出的一个Android集成开发工具，基于IntelliJ IDEA，类似于Eclipse ADT，Android Studio提供了集成的Android开发工具用于开发和调试。

在JetBrains IntelliJ IDEA的基础上，Android Studio提供：

• 基于Gradle的构建支持。

• Android专属的重构和快速修复。

• 提示工具以捕获性能、可用性、版本兼容性等问题。

• 支持ProGuard和应用签名。

• 基于模板的向导来生成常用的Android应用设计和组件。

• 功能强大的布局编辑器，可以拖拉UI控件并进行效果预览。

在Android Studio的中文官网，单击"下载Android Studio"图标进行下载，如图2-1所示。

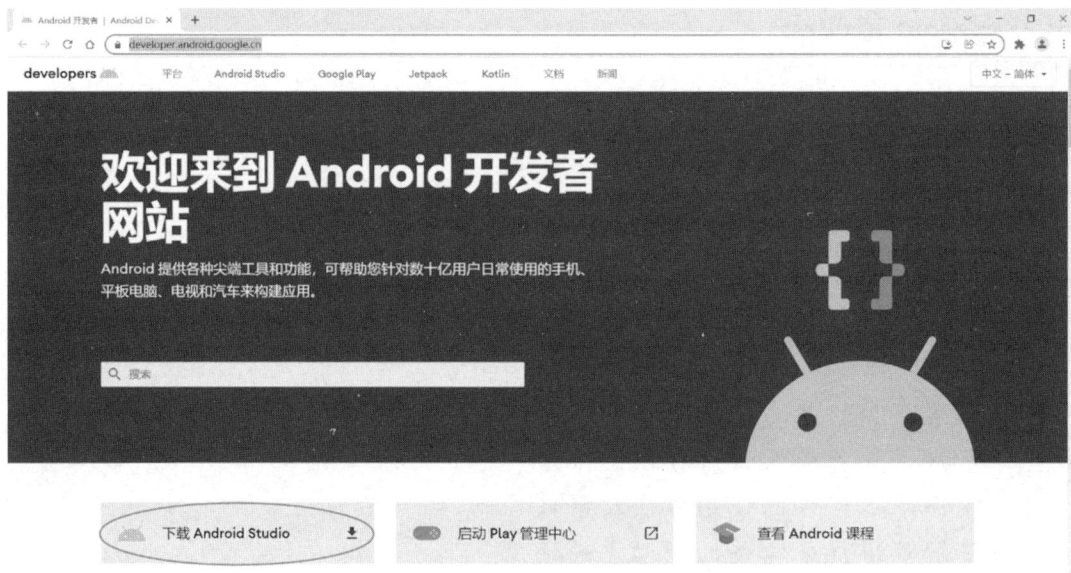

图2-1 Android Studio官网

在打开的新页面中，单击"Download Android Studio"按钮，直接下载当前最新版，如图2-2所示。

在打开的新页面中，也可以单击"Download options"按钮，打开所有系统安装文件列表，如图2-3所示。

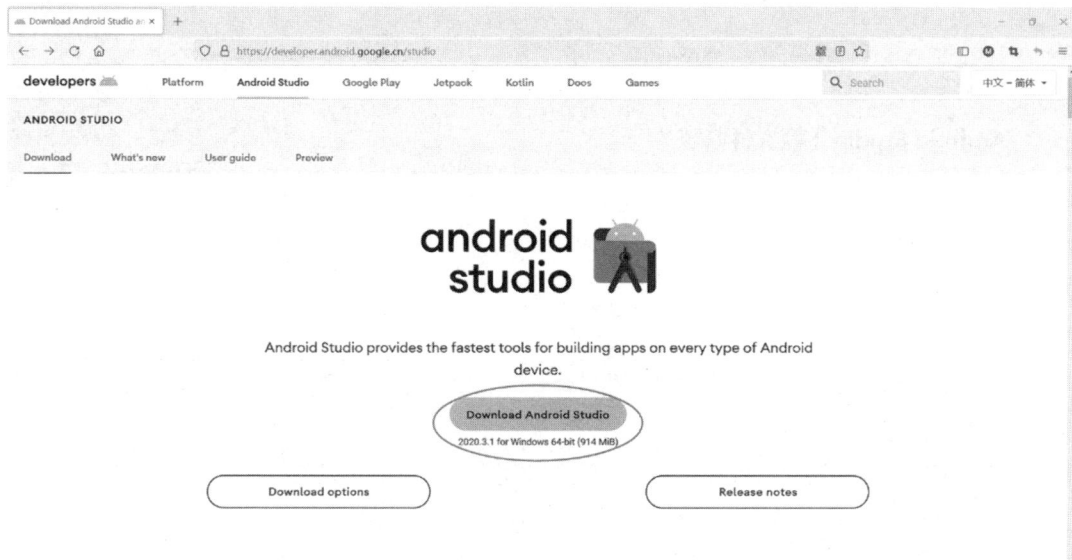

图2-2　Android Studio下载页面

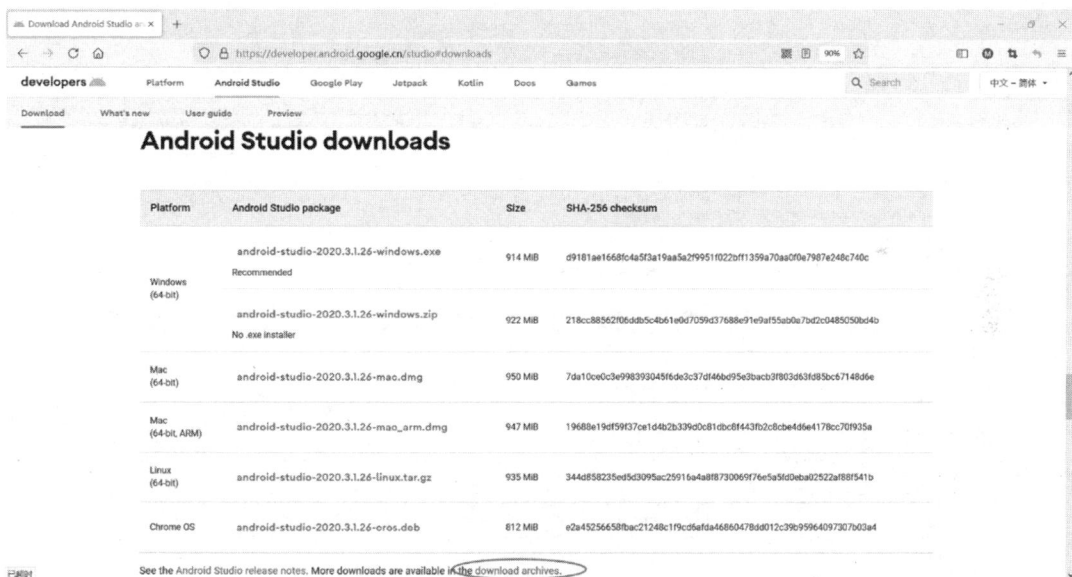

图2-3　多系统安装文件列表

在该列表中,提供了适合Windows系统、苹果系统、Linux系统,谷歌系统等多个系统的最新安装包。如果不想下载最新版本,可以单击下面的"download archives"超链接,打开所有版本的安装文件列表,在看到列表之前,首先看到"条款及条件"页面,如图2-4所示,需要单击"我同意这些条款"按钮,才能继续,如图2-5所示。

图2-4 条款及条件页面

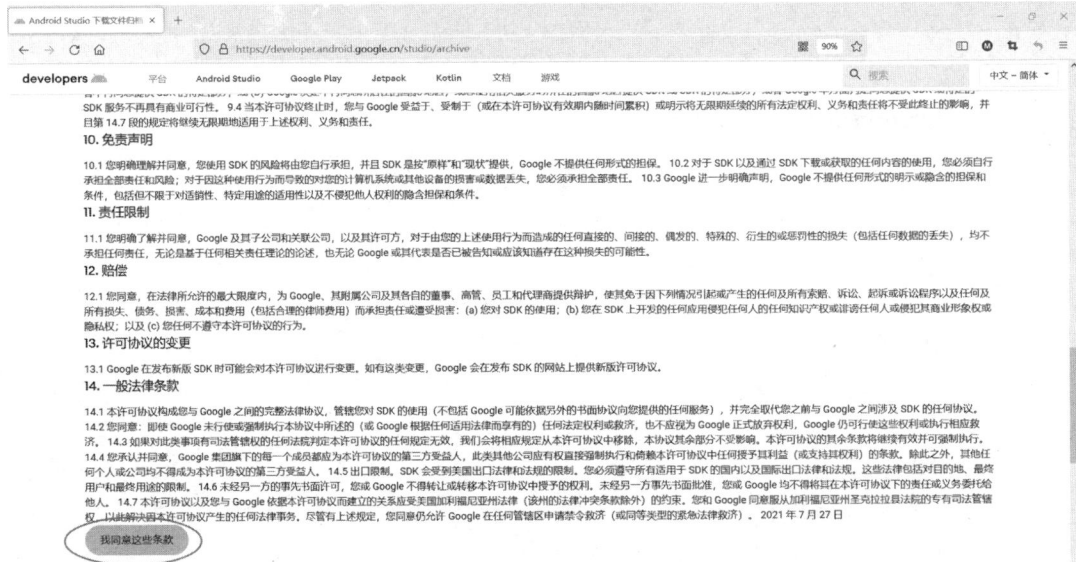

图2-5 单击按钮接受条款

新打开的页面中,包含 Android Studio 所有版本、适用所有系统的安装文件列表。所有版本是指:所有以往的历史版本,也包括比下载首页推荐下载的"最新稳定"版更新的最新、待完善版。比如,如图2-6所示,选择的2021年9月2日发布的2022.1.1版,就是最新、待完善版(截止到本书出版时)。

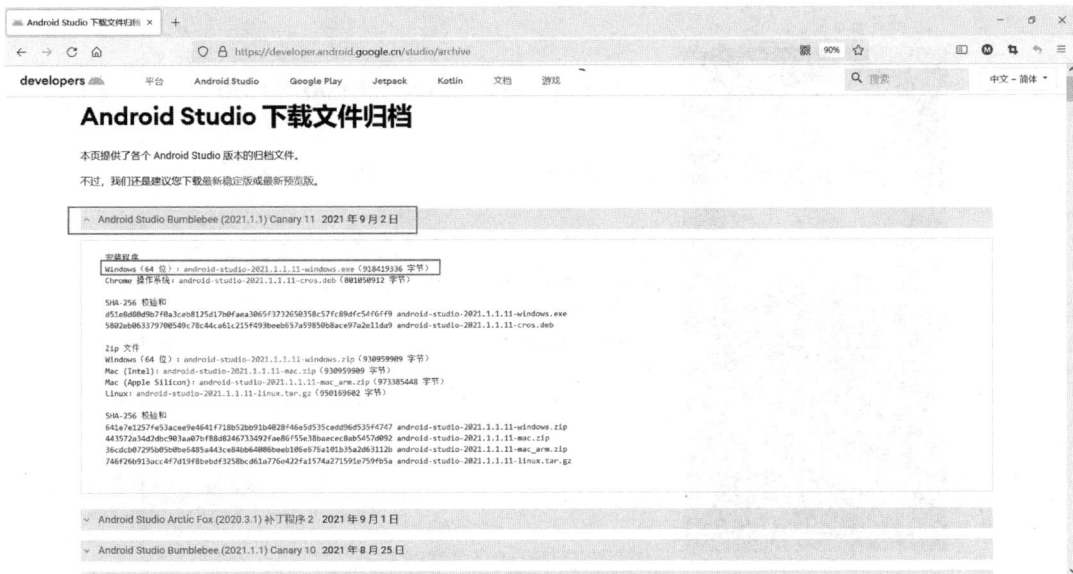

图2-6　所有版本列表页面

选择一个版本及与自己操作系统匹配的超链接，单击即可出现下载确认，单击"确定"按钮，即可开始下载，如图2-7所示。

图2-7　选择合适的版本开始下载

2.1.2　安装 Android Studio

安装 Android Studio 时，需要始终保持网络畅通，安装过程非常简单，本节以安装 Windows 系统的 android-studio-2020.3.1.26-windows 版为例来进行说明。首先双击从官网上下载的安装文件，出现如图 2-8 所示的安装界面。

图2-8 Android Studio**安装界面**

单击安装界面的"Next"按钮,进入 Choose Components 界面,该界面保持默认状态,如图2-9所示。

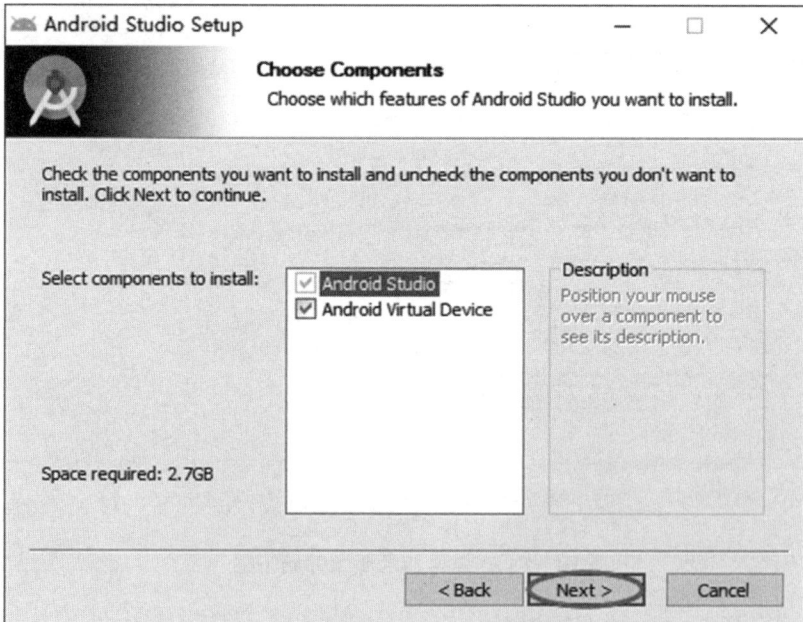

图2-9 Choose Components**界面**

单击"Next"按钮,进入 Configuration Settings 界面,该界面继续保持默认状态,如图2-10所示。

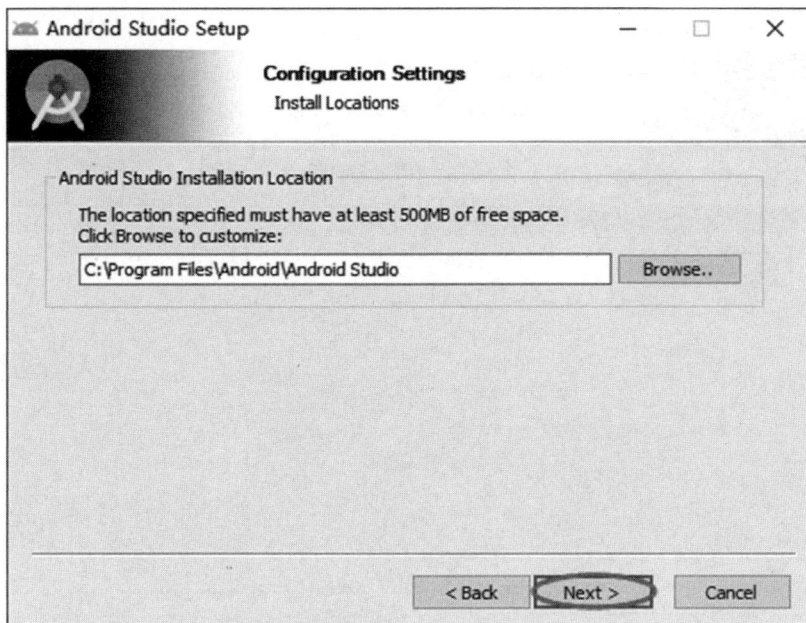

图2-10　Configuration Settings**界面**

单击"Next"按钮,进入 Choose Start Menu Folder 界面,如图 2-11 所示。

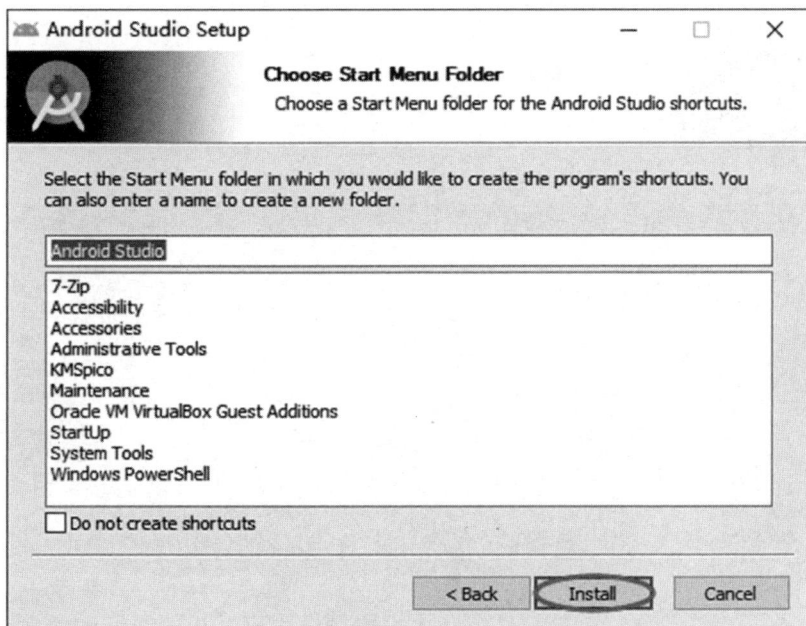

图2-11　Choose Start Menu Folder**界面**

单击"Install"按钮,进入 Installing 界面,开始安装,如图 2-12 所示。安装过程就是一个解压缩过程,时间不会很长。解压完成后,进入 Installation Complete 界面,同时"Next"按钮变成可用状态,如图 2-13 所示。

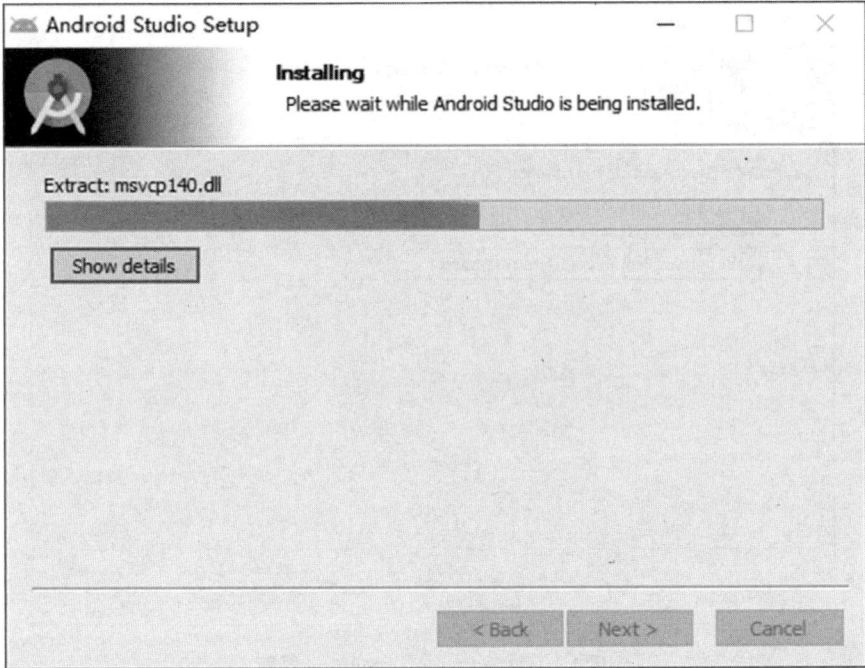

图2-12　Installing界面

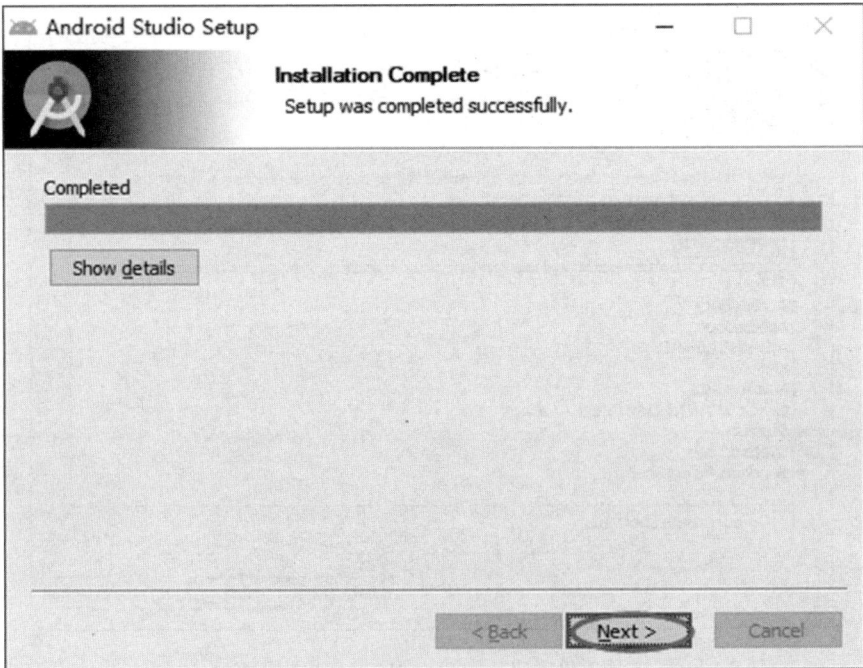

图2-13　Installation Complete界面

单击"Next"按钮,进入最后一个步骤,Completing Android Studio Setup界面,如图2-14所示。

图2-14　Completing Android Studio Setup**界面**

单击"Finish"按钮,关闭安装界面,退出安装程序。如果勾选了"Start Android Studio"复选框,则会自动启动Android Studio。

2.1.3　启动Android Studio

Android Studio安装完成后,并不会自动在桌面上生成快捷启动图标,需要找到Android Studio的安装目录下的"bin"目录,找到执行文件"studio64.exe",如图2-15所示。

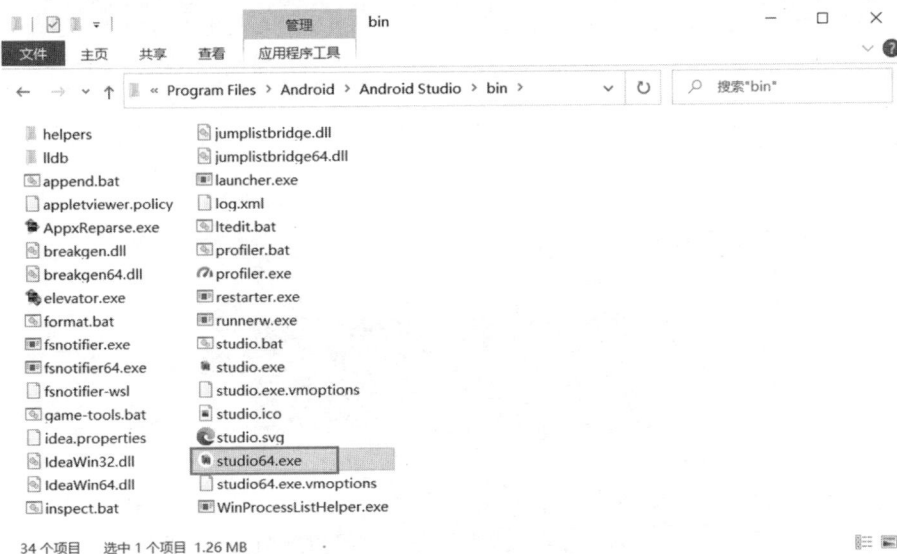

图2-15　Android Studio**启动文件**

双击执行文件"studio64.exe",启动Android Studio,进入Import Android Studio Settings界面,如图2-16所示。

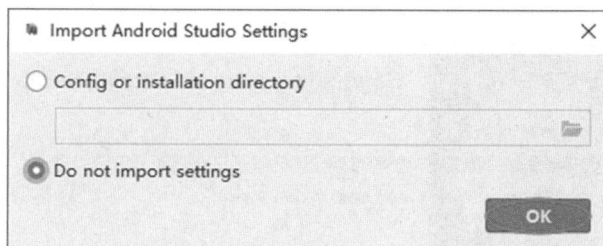

图2-16　Import Android Studio Settings**界面**

　　保持默认选项"Do not import setting"，单击"OK"按钮，看到 Data Sharing 提示框，如图2-17所示。

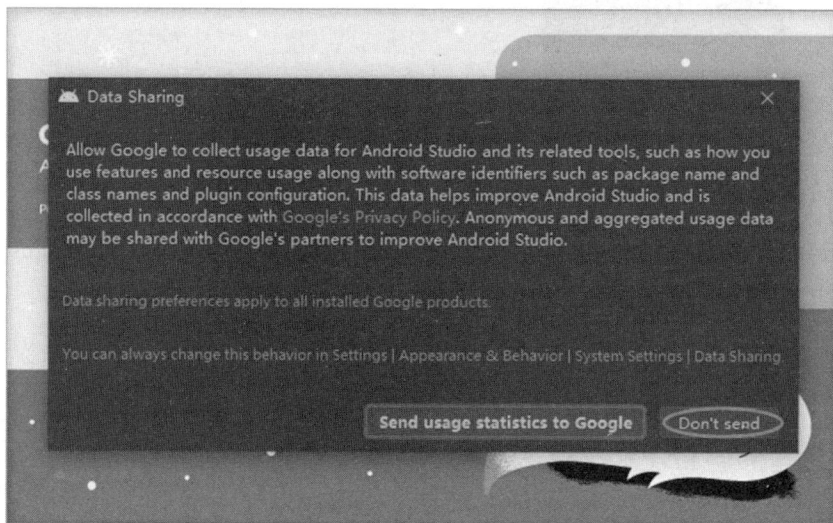

图2-17　Data Sharing**提示框**

　　单击"Don't send"按钮，会看到警告信息，如图2-18所示。

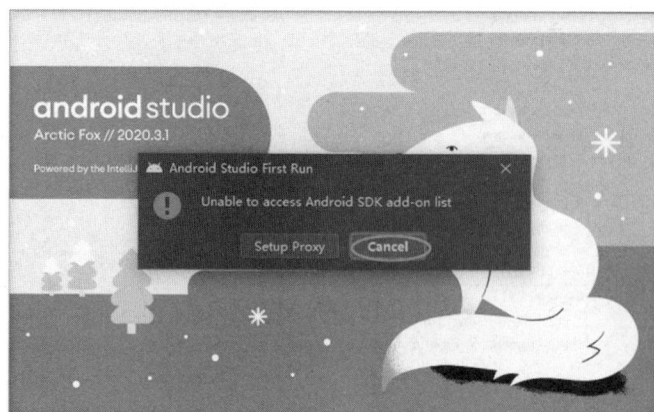

图2-18　**警告信息**

　　警告信息是因为没有检测到 Android SDK，这个可以在后面配置，所以这里忽略即可。

单击"Cancel"按钮，进入 Welcome 界面，如图2-19所示。

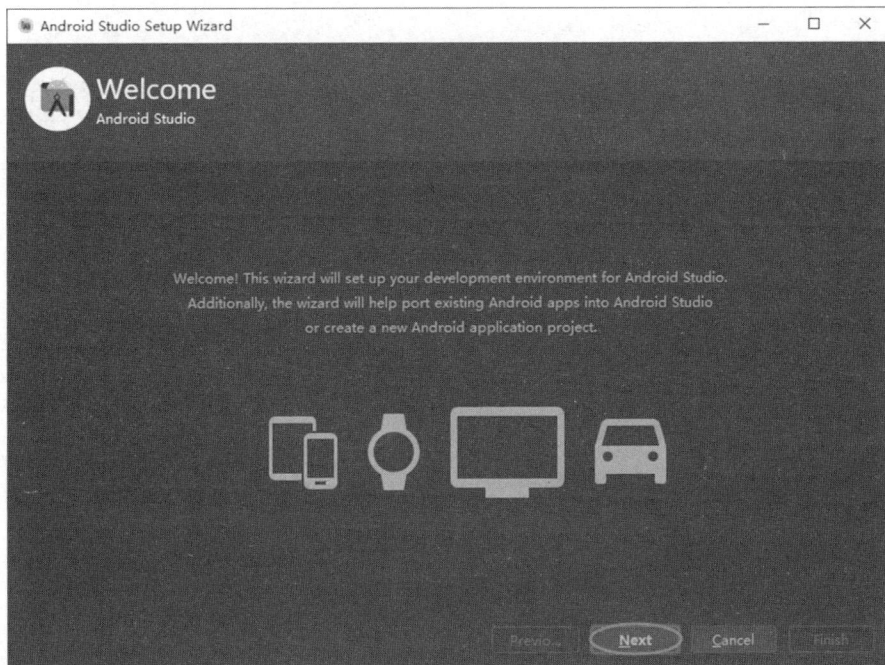

图2-19　Welcome**界面**

单击"Next"按钮，进入 Install Type 界面，如图2-20所示。

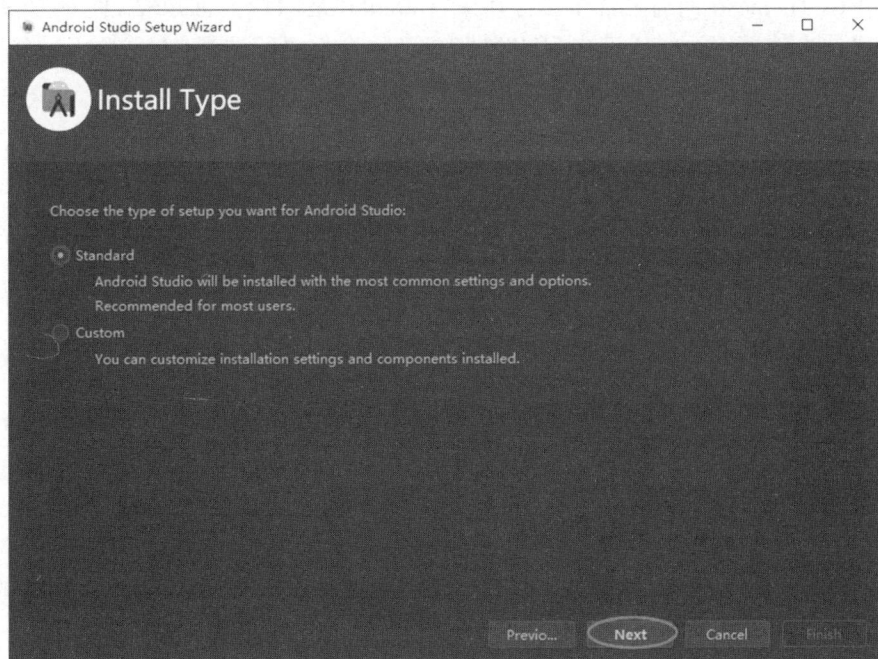

图2-20　Install Type**界面**

Install Type 界面有两个选项，其中"Standard"是标准安装，此项是默认选中项，

"Custom"是自定义安装。若保持默认选中项，单击"Next"按钮，进入 Select UI Theme 界面，如图2-21所示。

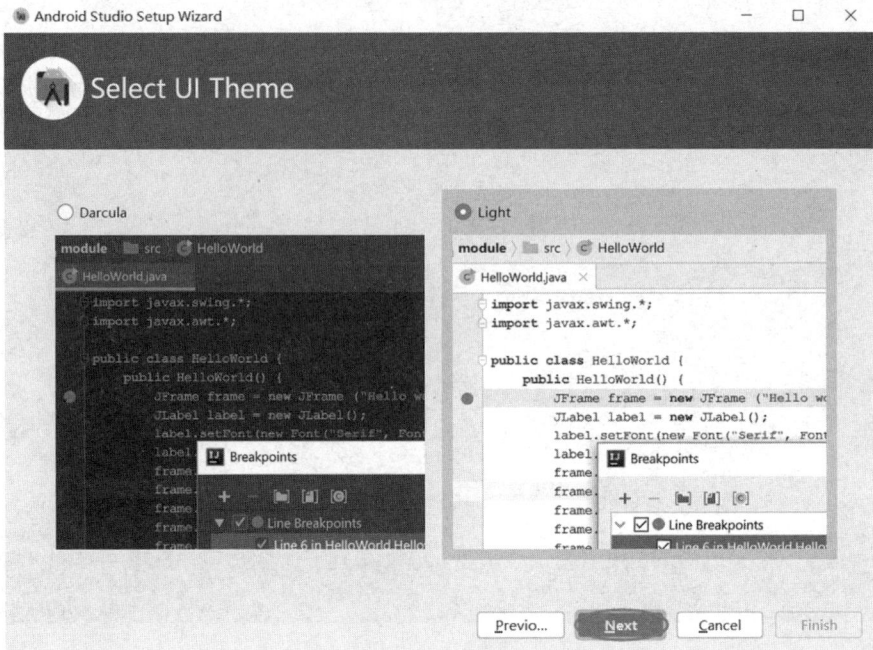

图2-21　Select UI Theme界面

Select UI Theme 界面有两个选项，其中"Darcula"是深色界面风格，此项是默认选中项，"Light"是浅色界面风格。读者可以根据自己的喜好自行选择，本书这里选择"Light"。单击"Next"按钮，进入 Verify Settings 界面，如图2-22所示。

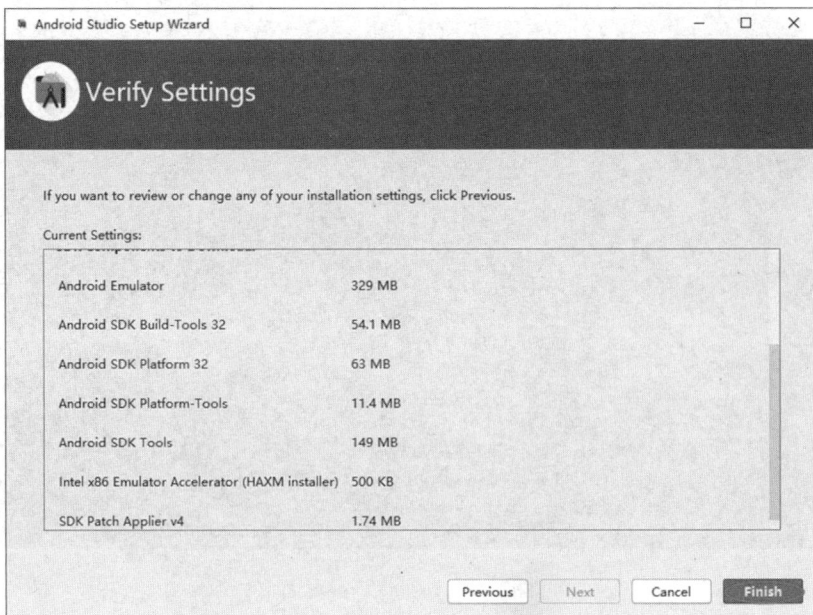

图2-22　Verify Settings界面

　　Verify Settings 界面会对 Android Studio 的运行环境进行检查，检查通过，单击"Finish"按钮。进入 Downloading Components 界面，开始下载必要的组件，如图 2-23 所示。

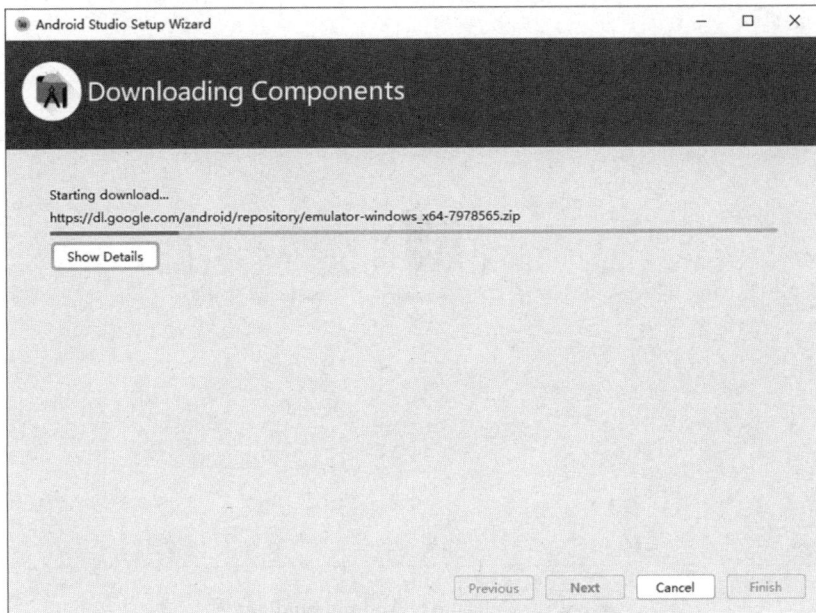

图2-23　Downloading Components界面

　　因电脑配置和网络情况不同，下载时间可能会较长，需要读者耐心等待。下载完成后，单击"Finish"按钮，完成 Android Studio Setup Wizard，如图 2-24 所示。

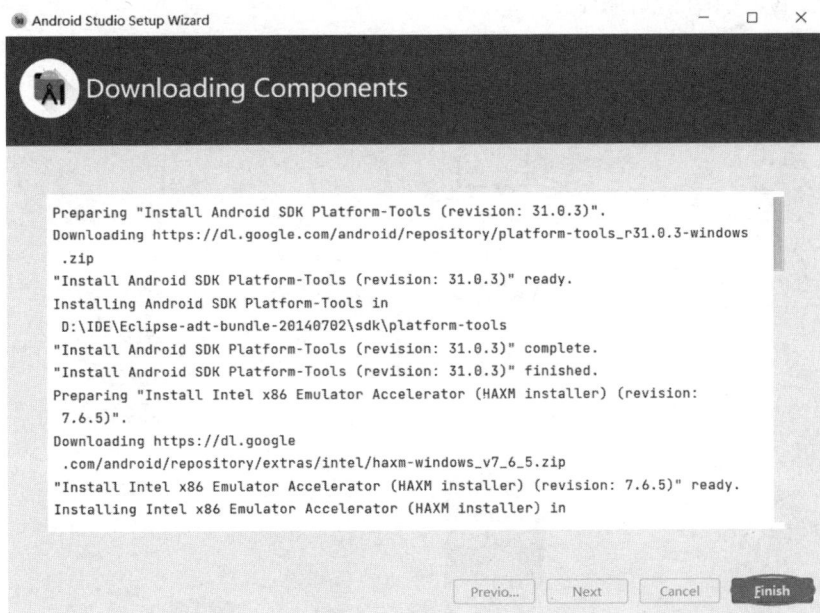

图2-24　下载组件完成

进入 Welcome to Android Studio 界面，如图 2-25 所示。

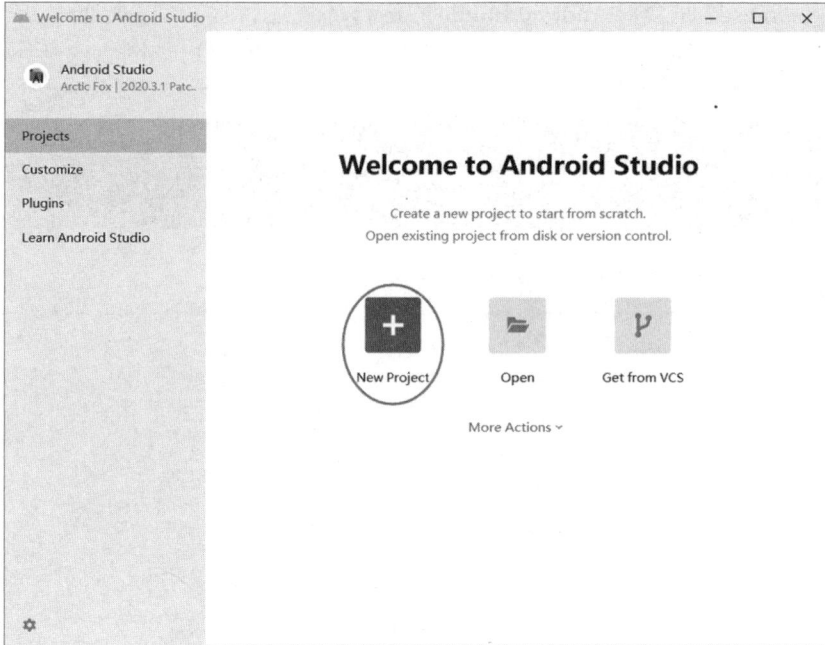

图2-25　Welcome to Android Studio界面

单击"New Project"按钮创建项目，进入"Templates"选择界面。界面左侧列表，一共提供4类模板：Phone and Tablet（手机和平板）、Wear OS（穿戴设备）、Android TV（网络电视）、Automotive（车载）。若保持默认选中的"Phone and Tablet"，在右侧模板列表中，单击"Empty Activity"，如图2-26所示。

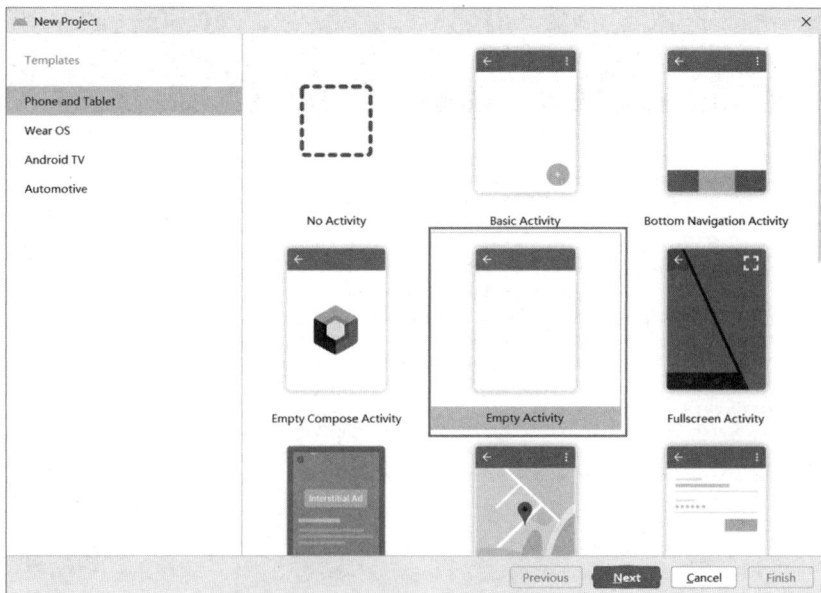

图2-26　Templates选择界面

在项目信息界面中输入相关信息，在"Name"项中输入"HelloWorld"，其他项目保持默认即可,如图2-27所示。

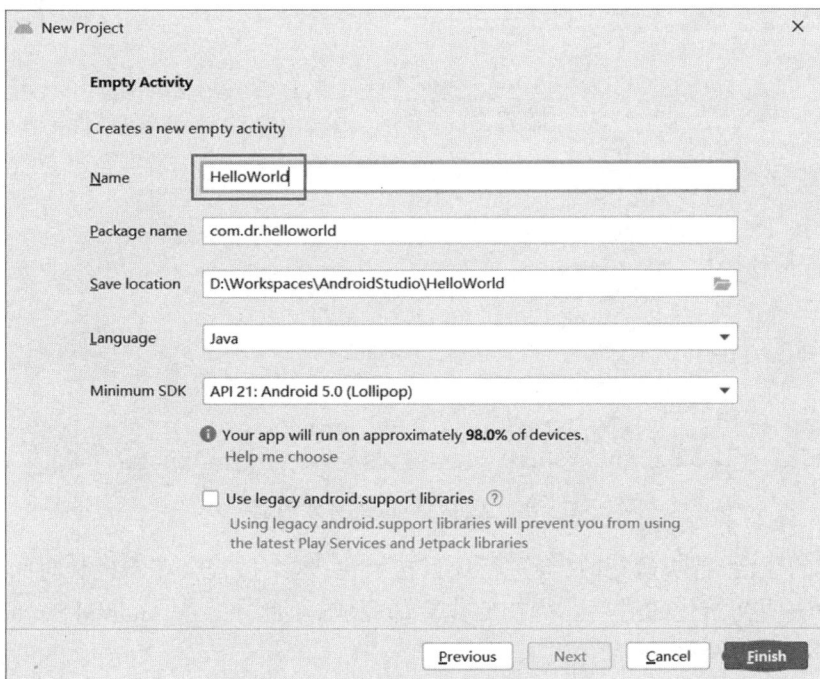

图2-27　项目信息界面

单击"Finish"按钮,进入Installing Requested Components界面开始下载项目所需的Android SDK,如图2-28所示。

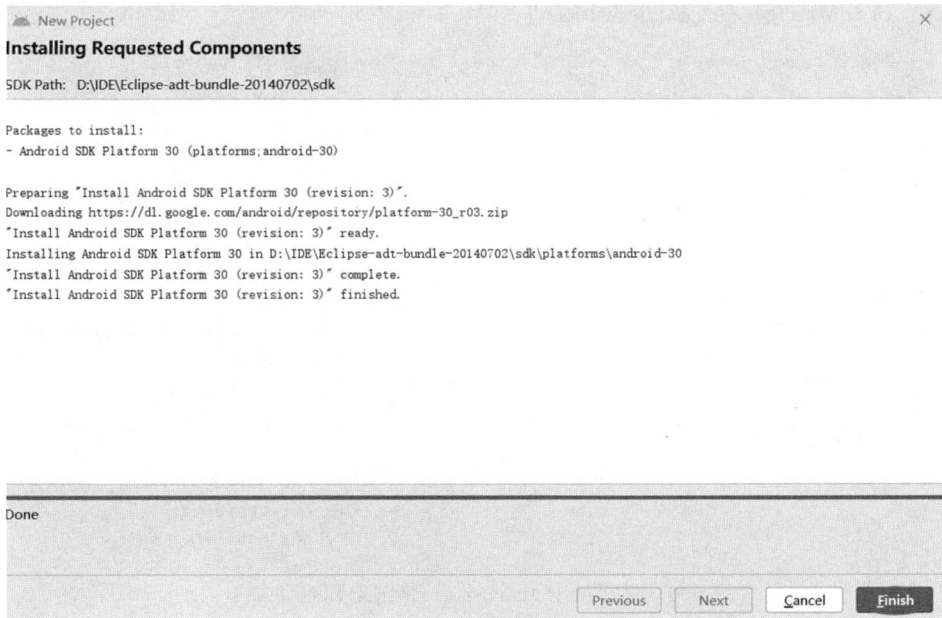

图2-28　Installing Requested Components界面

下载完成后,单击"Finish"按钮,进入Android Studio开发界面,如图2-29所示。

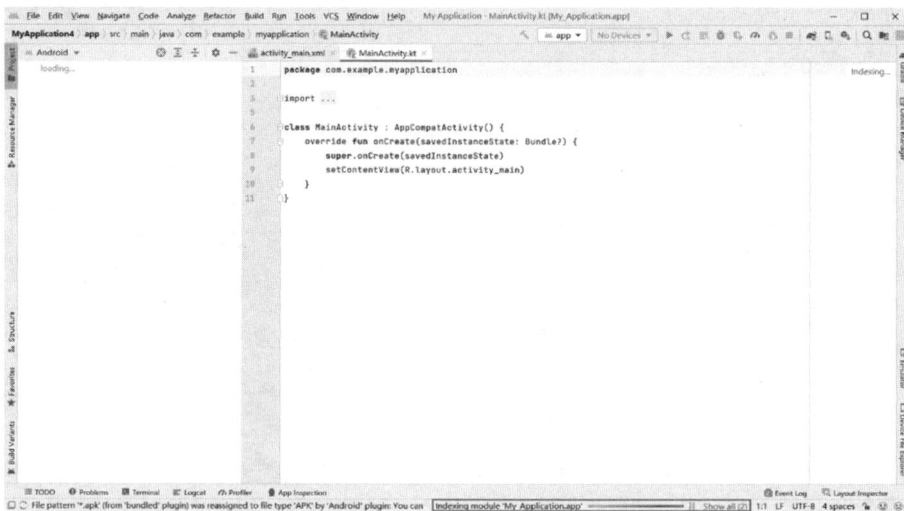

图2-29　Android Studio开发界面

新创建的项目,首次运行时,会进行项目初始化,这个过程会花费较长时间,界面最下方的进度条表明初始化的进度。待初始化全部完成,至此才表明Android Studio启动成功并完成了基本的初始化工作。

2.1.4　配置AVD

AVD的全称为Android Virtual Device,是Android的虚拟设备(模拟器),使用模拟器进行调试,不用实时连到物理设备上测试,方便调试。

运行AVD Manager.exe来创建和启动AVD,如图2-30所示。

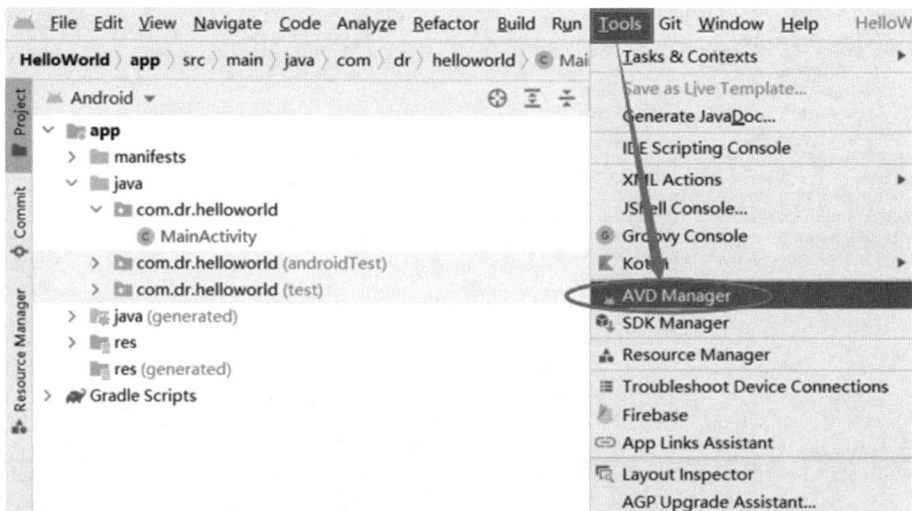

图2-30　运行AVD Manager.exe来创建和启动AVD

首次启动Android Virtual Device Manager,因Your Virtual Devices窗口中没有可用的AVD设备,需直接单击"Create Virtual Device"按钮,开始创建AVD,如图2-31所示。

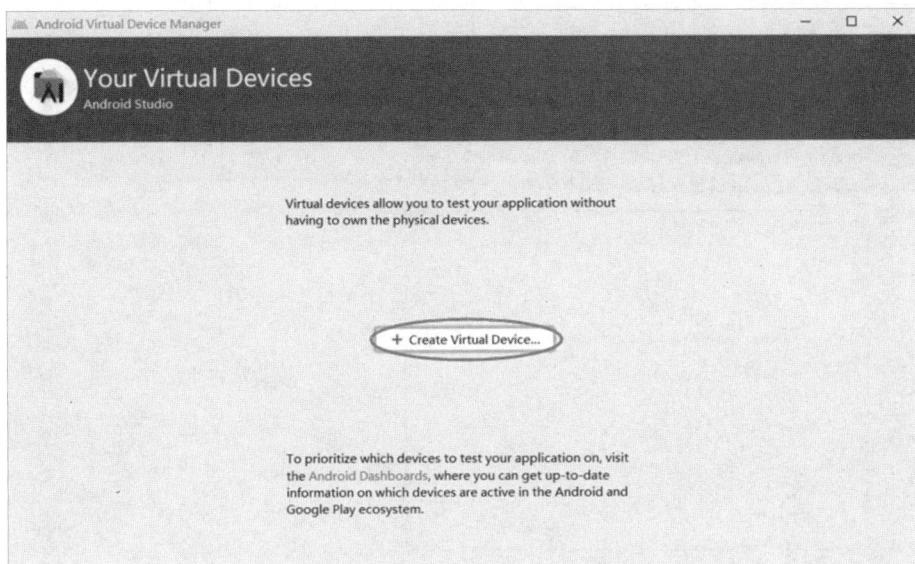

图2-31 Your Virtual Devices界面

进入 Select Hardware 窗口，选择模拟哪种硬件设备。在左侧列表中选择"Automotive"，在中间列表中选择"Automotive（1024p landscape）"，最后单击"Next"按钮，如图2-32所示。

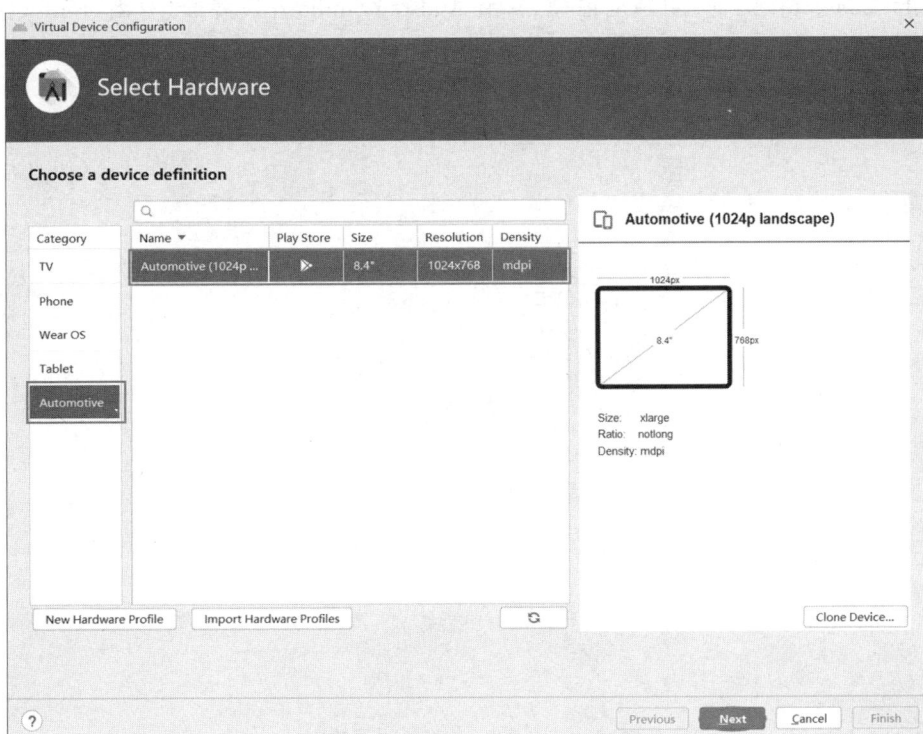

图2-32 Select Hardware界面

进入System Image窗口，首次使用时，镜像列表为空，如图2-33所示。

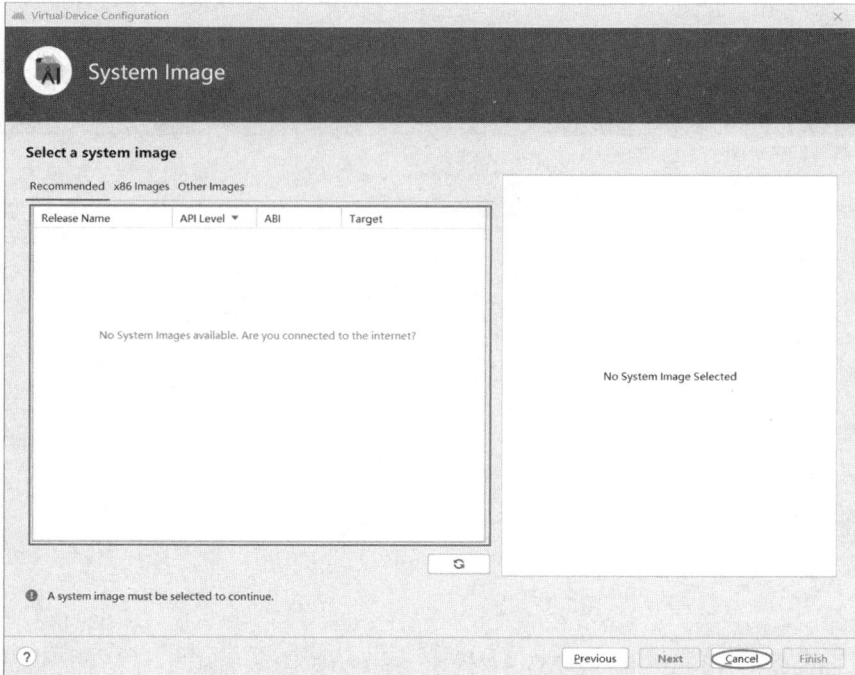

图2-33　System Image界面

单击"Cancel"按钮，关闭当前窗口，回到Android Studio开发界面，单击"File"，再单击"Settings…"菜单项，如图2-34所示。

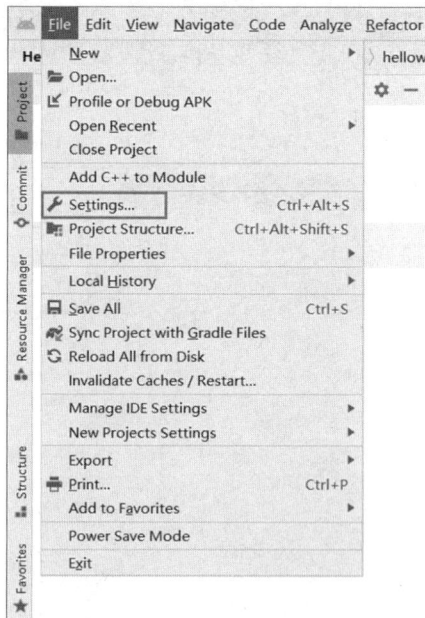

图2-34　单击"Settings…"菜单项

打开Settings窗口，在左侧列表中，单击"Appearance & Behavior"列表项，在展开的列表中，单击"System Settings"列表项，在展开的列表中，单击"Updates"列表项，在右侧的内容区中,单击"Automatically check updates for"下拉菜单,选择"Canary Channel"菜单项,如图2-35所示。

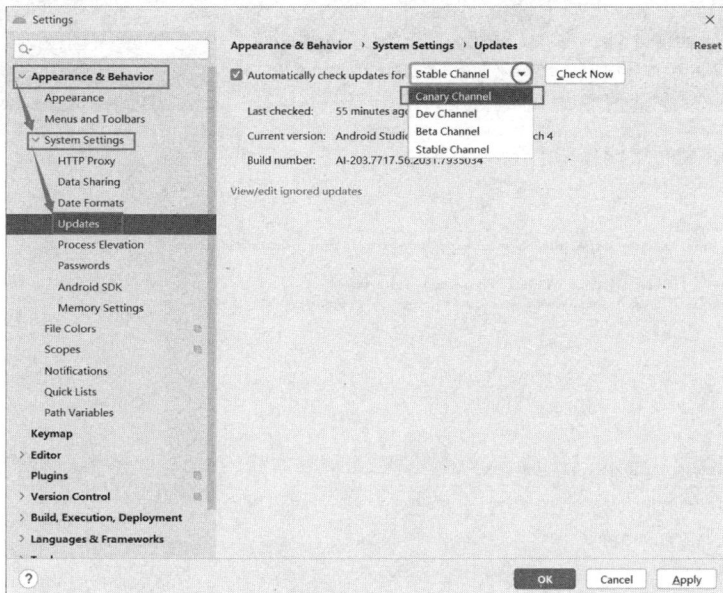

图2-35　Settings**窗口**

单击"OK"按钮,关闭Settings窗口,重启Android Studio。重复图2-30至图2-33的操作,在重新打开的System Image窗口中,单击"x86 Images"页签,出现镜像文件的列表,如图2-36所示。

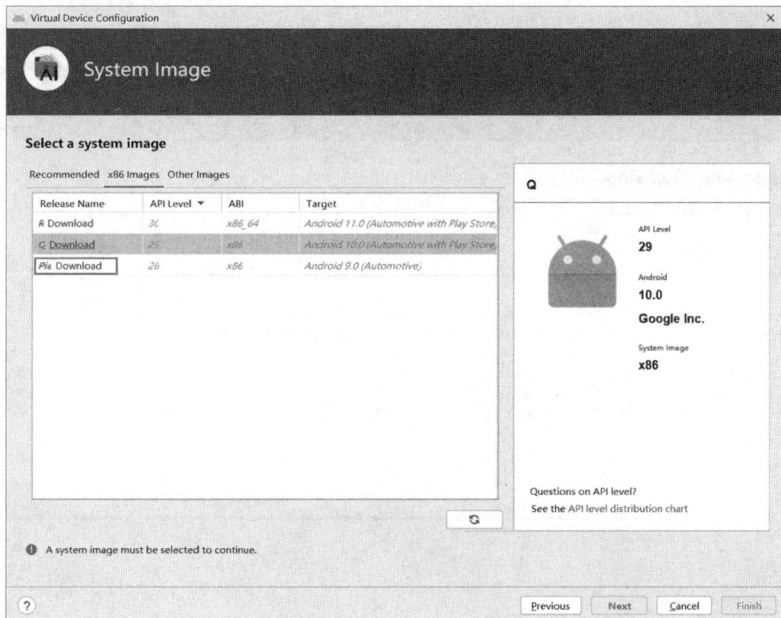

图2-36　System Image**窗口**

在镜像列表中,单击"Download"与Android API版本对应的镜像文件的超链接执行下载,如图2-37所示。

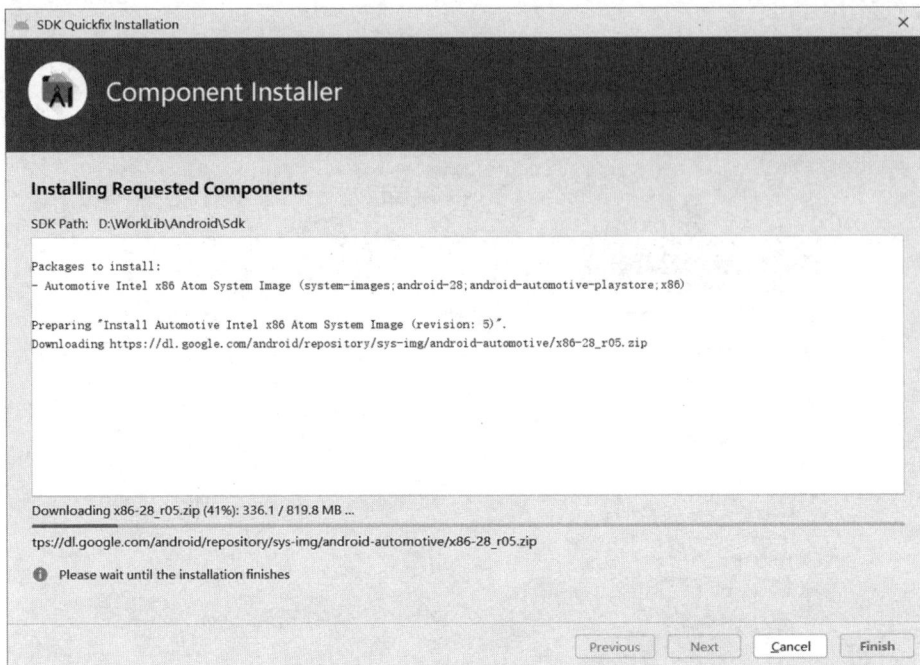

图2-37　Component Installer窗口

不同API版本的镜像文件,大小也不一样,一般是500 MB到2 GB。通常版本越高文件越大。下载完成后再单击"Finish"按钮,如图2-38所示。

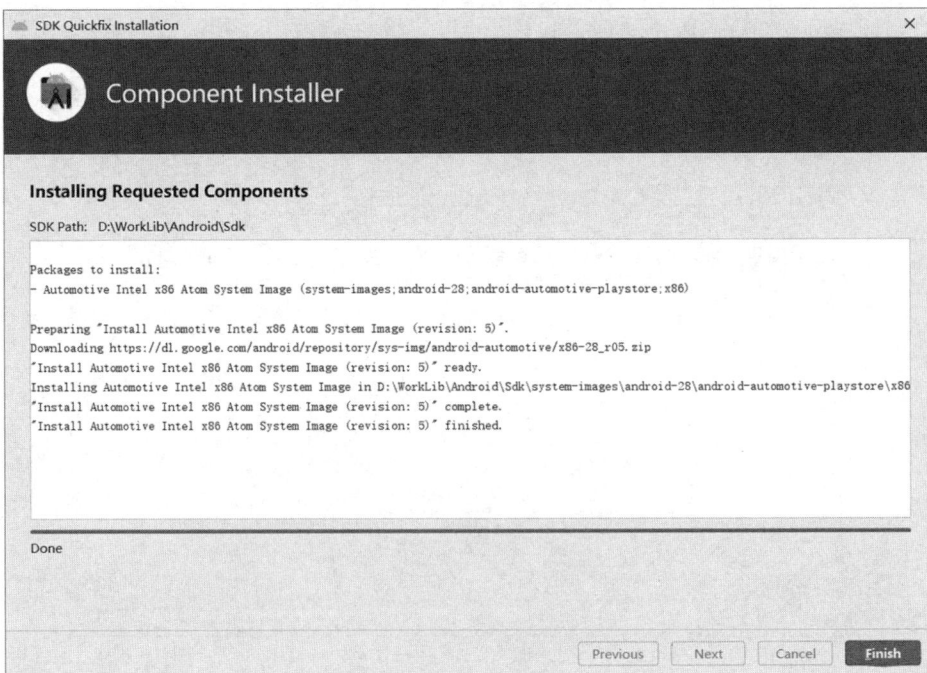

图2-38　下载完成

　　回到System Image窗口，单击"Recommended"页签，可以看到列表中出现刚下载的镜像文件，选择该镜像文件，单击"Next"按钮，如图2-39所示。

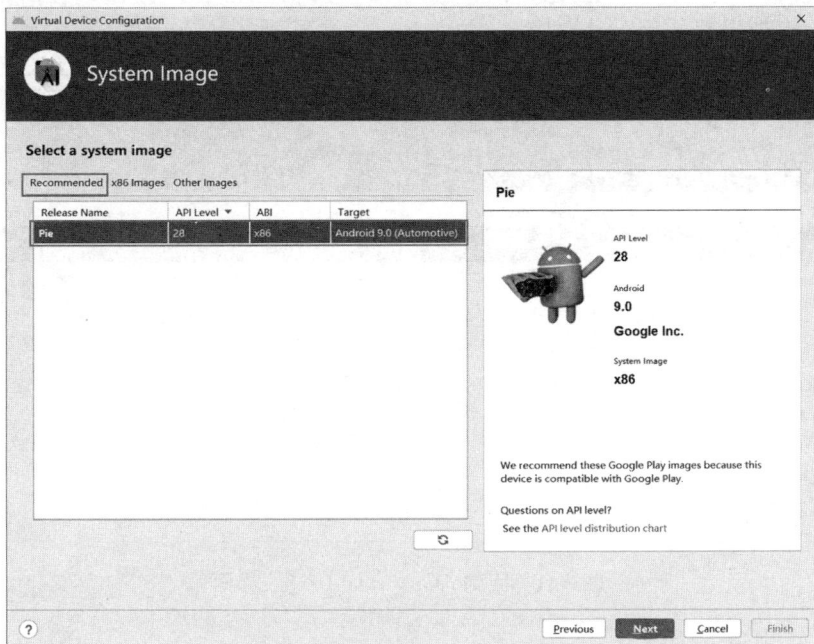

图2-39　回到System Image窗口

　　单击"Next"按钮，打开Android Virtual Device（AVD）界面，在这里可以选择横屏或竖屏，默认是竖屏。还可以通过单击"Show Advanced Settings"按钮进行高级设置。这里不作修改，如图2-40所示。

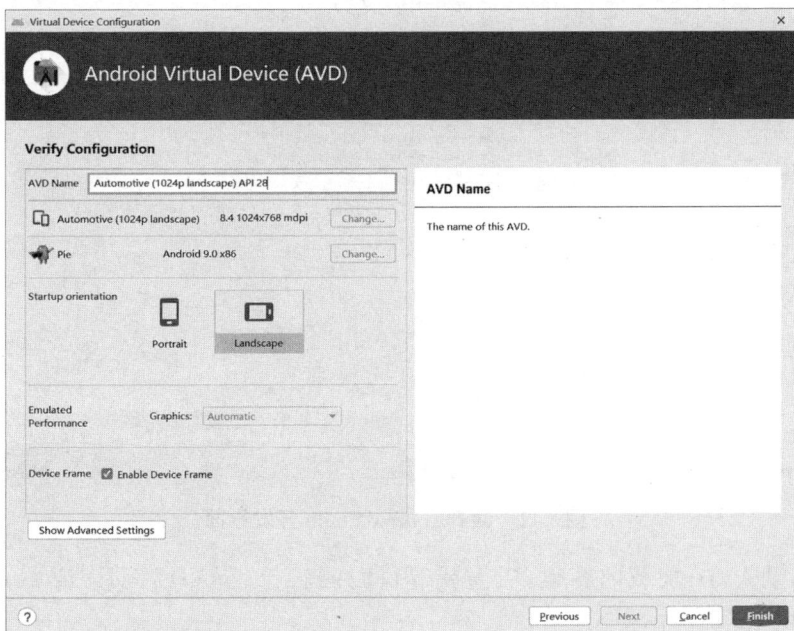

图2-40　Android Virtual Device（AVD）界面

单击"Finish"按钮,关闭 Android Virtual Device(AVD)界面,回到 Your Virtual Devices 界面,此时设备列表中就包含了刚刚创建的 AVD 设备,单击"▶"按钮,可以启动 AVD,如图2-41所示。这里暂缓启动 AVD。

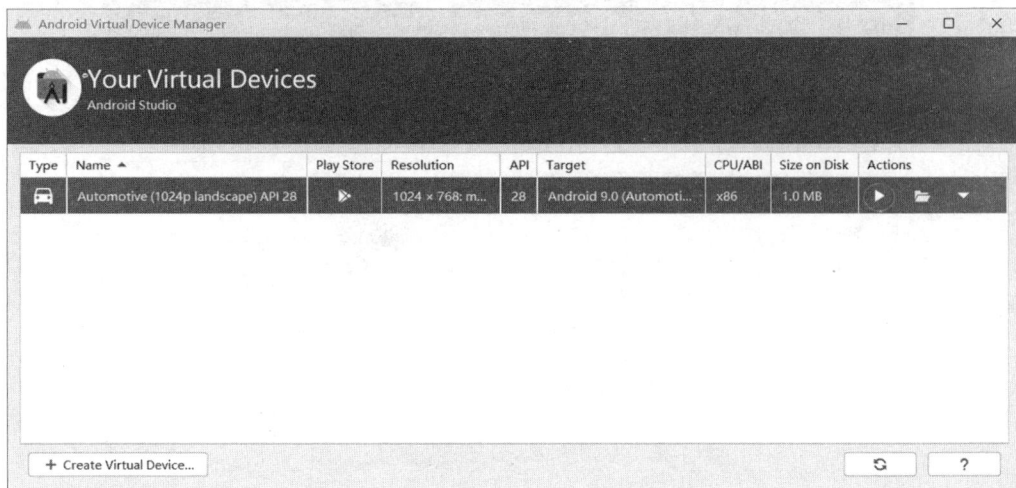

图2-41　回到Your Virtual Devices界面

2.1.5　测试项目

单击 Android Virtual Device Manager 界面右上角关闭按钮,关闭 Android Virtual Device Manager 回到 Android Studio 开发界面,如图2-42所示。

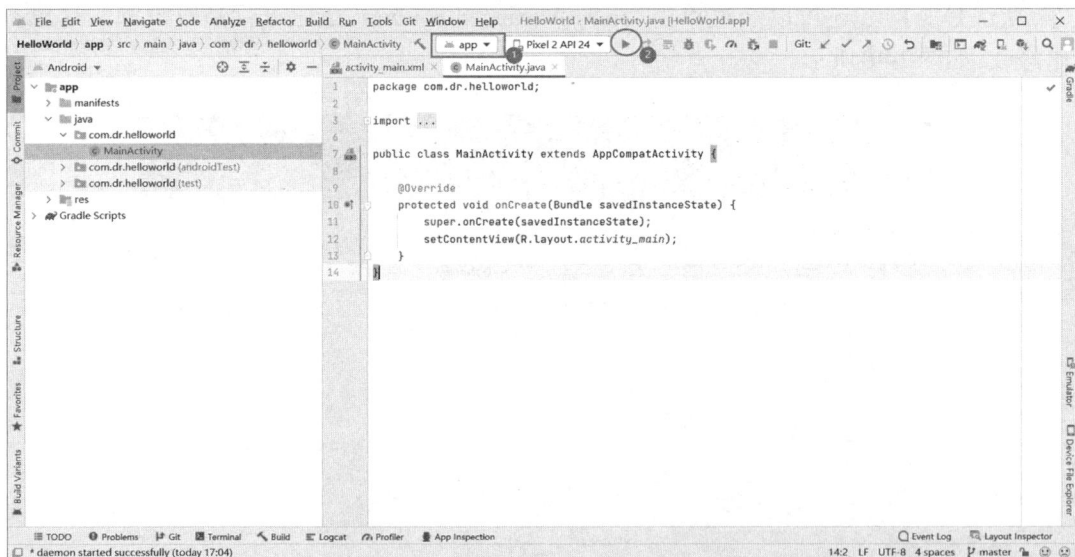

图2-42　回到Android Studio开发界面

首次启动 AVD,加载内容很多,需要等待时间较长。AVD 启动完成后,会自动打开 App 项目,如图2-43所示。

图2-43　AVD界面

2.1.6　创建车载应用

基于2.1.3节启动 Android Studio 时创建的 Project，在 Android Studio 开发界面，单击"File"菜单，在下拉菜单中，单击"New"菜单项，在其子菜单中，单击"New Module…"菜单项，如图2-44所示。

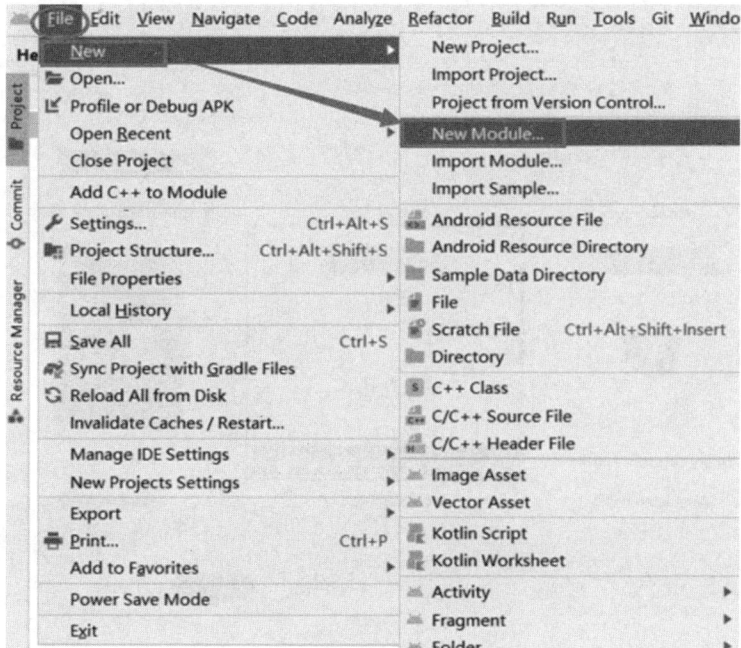

图2-44　New Module…

进入 Create New Module，在"Application/Library name"中输入"Auto"，单击"Next"按钮，如图 2-45 所示。

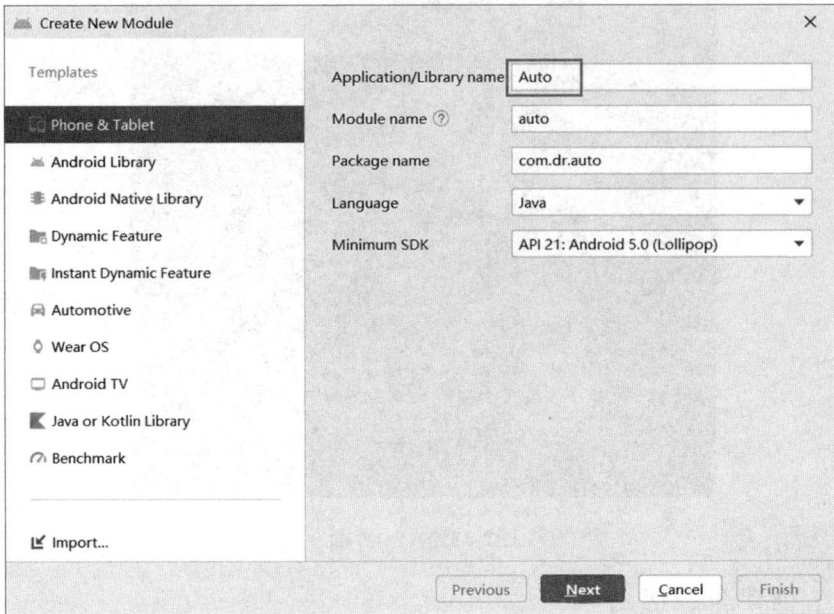

图2-45　Create New Module

在 Create New Module 的下一个界面选择一个模板，这里选择"Empty Activity"，如图 2-46 所示。

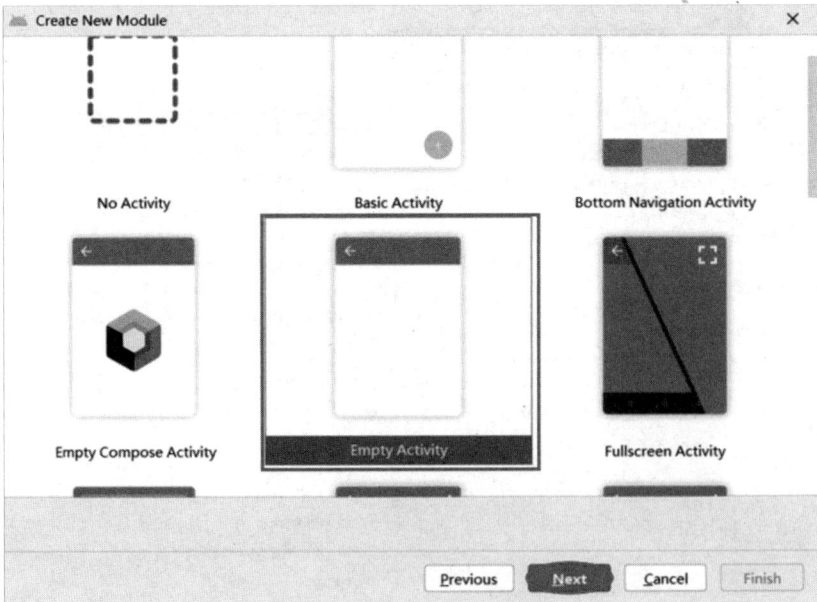

图2-46　选择"Empty Activity"

在 Create New Module 的最后一个界面保持默认值，然后单击"Finish"按钮，如图 2-47 所示。

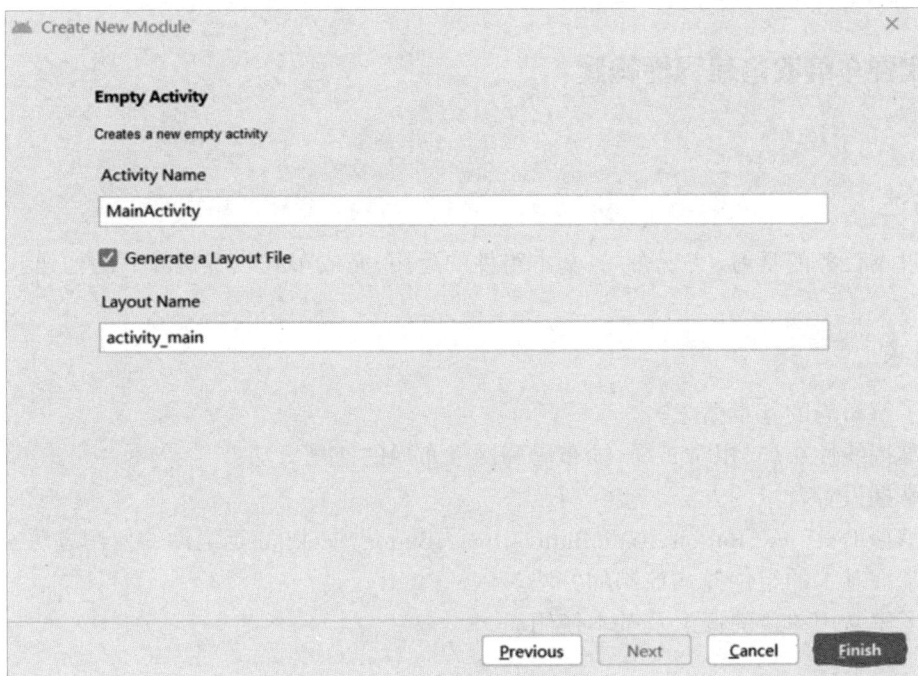

图2-47 Create New Module的最后一个界面

弹出 Add Files to Git 对话框,如图 2-48 所示。选择复选框"Don't ask again",单击"Cancel"按钮即可。

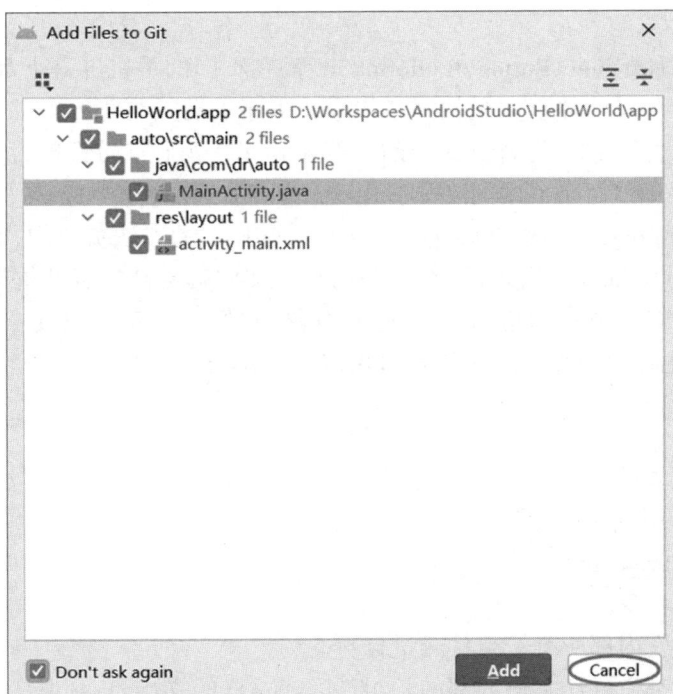

图2-48 Add Files to Git对话框

2.2　实现车载收音机界面构建

任务描述

通过本任务的学习,实现布局、基本组件的运用,完成车载收音机界面的构建。

任务要求

①了解布局的基本概念。
②掌握线性布局、相对布局、帧布局和网格布局的使用方法。
③掌握设置背景的方法。
④掌握 TextView、Button、RadioButton、ImageButton、SeekBar 等组件的使用方法。
⑤掌握基本的组件样式控制的方法。
⑥了解常用单位的概念及基本使用。

相关知识

2.2.1　布局的基本概念

(1)布局概述

为了让组件(TextView、Button、RadioButton 等)在不同的手机屏幕上都能运行良好(不同手机屏幕分辨率、尺寸并不完全相同),如果让程序手动控制每个组件的大小、位置,则将给编程带来巨大的困难,为解决这个问题,Android 提供了布局管理器。布局管理器可以根据运行平台来调整组件的大小,程序员只需为容器选择合适的布局管理器。

当 Acitivity.setContentView(@LayoutRes int layoutResID)方法被调用,或者一个 View 通过 LayoutInflater 对象 inflater 出来,那么相关的布局文件就会被加载并解析出来。XML 文件中每个大写的 XML 节点对应着一个 View 对象,它们被系统实例化。在 Acitviity 或者 Fragment 的整个生命周期中,它们都是 UI 层级的一部分,这会影响到应用程序在使用过程中的分配。

(2)布局层级管理

当系统绘制一个布局时,需要两个步骤完成:

1)绘制(Measurement)

•根布局测量自身。

•根布局要求它内部所有子组件测量自身。

•所有子布局都需要让它们内部的子组件完成这样的操作,直到遍历完视图层级中所有的 View。

2）摆放（Positioning）

•当布局中所有的 View 都完成了测量，根布局才开始将它们摆放到合适的位置。

•所有子布局都需要做相同的事情，直到遍历完视图层级中所有的 View。

当某个 View 的属性发生变化（如：TextView 内容变化或 ImageView 图像发生变化），View 自身会调用 View.inidate()方法（必须从 UI 线程调用），自底向上传播该请求，直到根布局（根布局会计算出需要重绘的区域，进而对整个布局层级中需要重绘的部分进行重绘）。布局层级越复杂，UI 加载的速度就越慢。因此，在编写布局的时候，尽可能地扁平化是非常重要的。

FrameLayout 和 TableLayout 都有各自的特殊用途，LinearLayout 和 RelativeLayout 是可以互换的，ConstraintLayout 和 RelativeLayout 类似。也就是说，在编写布局时，可以选择其中一种，以不同的方式来编写下面这个简单的布局，如图 2-49 所示。

图2-49　布局体系

第一种方式是使用 LinearLayout，虽然可读性比较强，但是性能比较差。由于嵌套 LinearLayout 会加深视图层级，每次摆放子组件时，相对需要消耗更多的计算。

```xml
<?xml version="1.0" encoding="utf-8"?>
<LinearLayout xmlns:android="http://schemas.android.com/apk/res/android"
    android:layout_width="match_parent"
    android:layout_height="match_parent"
    android:orientation="vertical">
    <View
            android:id="@+id/view_top_1"
            android:layout_width="match_parent"
            android:layout_height="100dp"
            android:background="@color/color_666666"/>
    <View
            android:id="@+id/view_top_2"
            android:layout_width="200dp"
```

```
                android:layout_height="100dp"
                android:background="@color/teal_200"/>
        <LinearLayout
                android:layout_width="match_parent"
                android:layout_height="wrap_content"
                android:orientation="horizontal">
                <View
                    android:id="@+id/view_top_3"
                    android:layout_width="100dp"
                    android:layout_height="100dp"
                    android:background="@color/color_FF773D"/>
                <View
                    android:id="@+id/view_top_4"
                    android:layout_width="100dp"
                    android:layout_height="100dp"
                    android:background="@color/purple_500"/>
        </LinearLayout>
</LinearLayout>
```

LinearLayout视图层级,如图2-50所示。

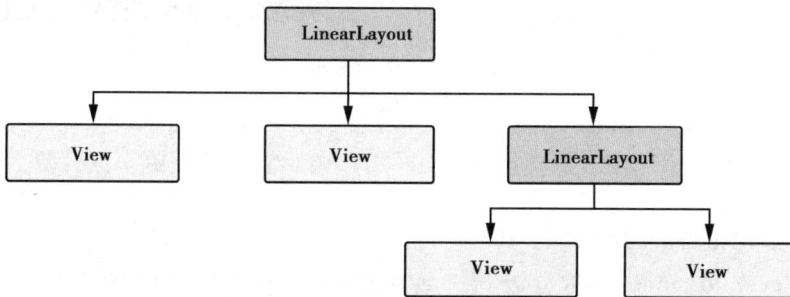

图2-50　LinearLayout视图层级

第二种方法基于RelativeLayout。在这种情况下,不需要嵌套其他ViewGroup,因为每个子View可以相当于其他View,或相对于父控件进行摆放。

```
<?xml version="1.0" encoding="utf-8"?>
<RelativeLayout xmlns:android="http://schemas.android.com/apk/res/android"
    android:layout_width="match_parent"
    android:layout_height="match_parent">
    <View
    android:id="@+id/view_top_1"
    android:layout_width="match_parent"
```

```
android:layout_height="100dp"
android:background="@color/color_666666"/>
<View
android:id="@+id/view_top_2"
android:layout_width="200dp"
android:layout_below="@id/view_top_1"
android:layout_height="100dp"
android:background="@color/teal_200"/>
<View
android:id="@+id/view_top_3"
android:layout_width="100dp"
android:layout_below="@id/view_top_2"
android:layout_height="100dp"
android:background="@color/color_FF773D"/>
<View
android:id="@+id/view_top_4"
android:layout_width="100dp"
android:layout_below="@id/view_top_2"
android:layout_toRightOf="@id/view_top_3"
android:layout_height="100dp"
android:background="@color/purple_500"/>
</RelativeLayout>
```

RelativeLayout 视图层级，如图2-51所示。

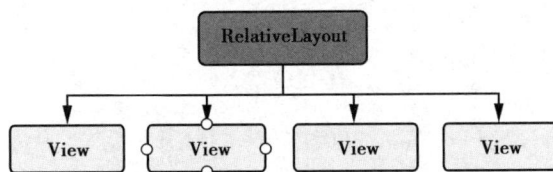

图2-51　RelativeLayout视图层级

通过两种方式，可以很容易看出，第一种方式LinearLayout需要3个视图层级和6个View，第二种方式RelativeLayout仅需要2个视图层级和5个View。

当然，虽然RelativeLayout效率更高，但不是所有情况都能通过相对布局的方式来完成控件摆放。所以通常情况下，这两种方式需要配合使用。

注意：为了保证应用程序的性能，在创建布局时，需尽量避免重绘，布局层级应尽可能地扁平化，这样当View被重绘时，可以减少系统花费的时间。在条件允许的情况下，尽量使用 RelativeLayout 和 ConstraintLayout，而非 LinearLayout，或者用 GridLayout 来替换 LinearLayout。

（3）布局复用

Android SDK 提供了一个非常有用的标签。在某些情况下,希望在其他布局中用一些已存在的布局时,<include/>标签可通过制订相关引用 ID,将一个布局添加到另一个布局。比如自定义一个标题栏,那么可以按照下面的方式,创建一个可重复用的布局文件。

```xml
<?xml version="1.0" encoding="utf-8"?>
<RelativeLayout xmlns:android="http://schemas.android.com/apk/res/android"
    android:layout_width="match_parent"
    android:layout_height="wrap_content">
    <View
    android:id="@+id/view_top_1"
    android:layout_width="match_parent"
    android:layout_height="100dp"
    android:background="@color/color_666666"/>
</RelativeLayout>
```

接着,将<include/>标签放入相应的布局文件中,替换掉对应的 View。

```xml
<?xml version="1.0" encoding="utf-8"?>
<RelativeLayout xmlns:android="http://schemas.android.com/apk/res/android"
    android:layout_width="match_parent"
    android:layout_height="match_parent">
    <include layout="@layout/include_layout"/>
    <View
    android:id="@+id/view_top_2"
    android:layout_width="200dp"
    android:layout_height="100dp"
    android:background="@color/teal_200"/>
    <View
    android:id="@+id/view_top_3"
    android:layout_width="100dp"
    android:layout_height="100dp"
    android:background="@color/color_FF773D"/>
</RelativeLayout>
```

当希望重用某些 View 时,就不用复制/粘贴的方式来实现,只需要定义一个 layout 文件,然后通过<include/>引用即可。但是这样做,可能会引入一个冗余的 ViewGroup(重用的布局文件的根视图)。为此,Android SDK 提供了另一个标签,用来减少布局冗余,让层级变得更加扁平化。只需要将可重用的根视图替换为<merge/>标签即可。

```
<?xml version="1.0" encoding="utf-8"?>
<merge xmlns:android="http://schemas.android.com/apk/res/android"
    android:layout_width="match_parent"
    android:layout_height="wrap_content">
    <View
    android:id="@+id/view_top_1"
    android:layout_width="match_parent"
    android:layout_height="100dp"
    android:background="@color/color_666666"/>
</merge>
```

这样就没有了冗余的视图控件,因为系统会忽略<merge/>标签,并将<merge/>标签中的视图直接放置在相应的布局文件中,替换<include/>标签。

注意:使用此标签时,需要记住它的两个主要限制。

①它只能作为布局文件的根来使用。

②每次调用LayoutInflater.inflate( )时,必须为<merge/>布局文件提供一个View,作为它的父容器:LayoutInflater.from(this).inflate(R.layout.merge_layout,parent,true)。

(4)布局管理器

Android的布局管理器(通常被称为布局)本身就是个UI组件,所有的布局管理器都是ViewGroup的子类,而ViewGroup是View的子类,如图2-52所示。所以布局管理器可以当成普通的UI组件使用,也可以作为容器类使用,可以调用多个重载addView( )向布局管理器中添加组件,并且布局管理器可以互相嵌套,当然不推荐过多嵌套(如果要兼容低端机型,最好不要超过5层)。

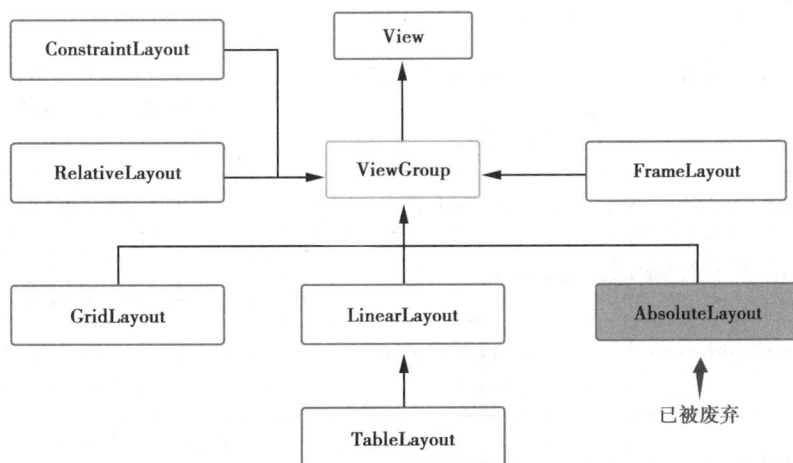

图2-52　布局管理器

Android SDK包含了许多布局类,在视图、Fragment和Activity创建UI时,可以使用和修改这些类,也可以创建自己的布局类。

Android六大基本布局：

①LinearLayout：线性布局。

②FrameLayout：框架布局。

③RelativeLayout：相对布局。

④TableLayout：表格布局。

⑤GridLayout：网格布局。

⑥ AbsoluteLayout：绝对布局。

另外，在 Android Studio2.2 开始新增了一个 ConstraintLayout（约束布局）。

（5）线性布局（LinearLayout）

LinearLayout是一个视图组，呈线性横向或纵向，依次绘制每个被添加进来的子组件，是一种常用的布局。

LinearLayout的所有子组件依次堆叠，因此无论子视图有多宽，垂直列表每行均只有一个子组件，水平列表将只有一行高（最高子组件的高度加上内边距）。LinearLayout会考虑子组件之间的边距以及每个子组件的对齐方式（右对齐、居中对齐或左对齐）。

LinearLayout还支持使用android:layout_weight属性为各个子组件分配权重。此属性会根据视图应在屏幕上占据的空间大小，向视图分配"重要性"值。如果拥有更大的权重值，视图便可展开，填充父视图中的任何剩余空间。子组件可指定权重值，然后系统会按照子组件所声明的权重值比例，为其分配视图组中的任何剩余空间。权重值默认为零。

LinearLayout的常用XML属性、相关方法及说明见表2-1。

表2-1　LinearLayout的常用XML属性和相关方法

XML 属性	相关方法	说明
android:baselineAligned	setBaselineAligned(boolean)	设置为 false 时，防止布局对齐其子项的基线
android:baselineAligned ChildIndex	setBaselineAlignedChildIndex (int)	当线性布局是另一个基线对齐的布局的一部分时，它可以指定基线对齐到其子项中的哪个子项（即，哪个子项 TextView）
android:divider	setDividerDrawable(Drawable)	可绘制用作按钮之间的垂直分隔线
android:gravity	setGravity(int)	指定对象应如何在其自身边界内在 X 轴和 Y 轴上定位其内容
android:measureWithLargest Child	setMeasureWithLargestChildEn- abled (boolean)	当设置为 true 时，所有重量的孩子都将被认为是最大孩子的最小尺寸
android:orientation	setOrientation(int)	布局应该是一列还是一行？对行使用 "horizontal"，对列使用"vertical"
android:weightSum	setWeightSum(float)	定义最大权重总和

LinearLayout包含的所有子元素都受LinearLayout.LayoutParams控制,因此LinearLayout包含的子元素可以额外指定下列属性。LinearLayout.LayoutParams(子组件)常用XML属性和相关方法说明见表2-2。

表2-2 LinearLayout.LayoutParams(子组件)常用XML属性和相关方法

XML属性	相关方法	说明
android:layout_gravity	setGravity(int)	Gravity指定组件应如何放置在其单元组中。必须是Gravity常量值中的一个或多个(以"l"分隔)
android:layout_weight		指示LinearLayout中有多少额外空间分配给这些Layout-Params关联的视图

Gravity常量(必须使用一个或多个以"l"分隔。如:rightltop)见表2-3。

表2-3 Gravity常量

常量	值	描述
center	11	将对象放置在其容器的垂直和水平轴的中心,不改变其大小
center_horizontal	1	将对象放置在其容器的水平中心,不改变其大小
center_vertical	10	将对象放置在其容器的垂直中心,不改变其大小
clip_horizontal	8	可以设置为将子项的左边缘和/或右边缘剪裁到其容器边界的附加选项。剪辑将基于水平重力:左重力将剪辑右边缘,右重力将剪辑左边缘,两者都不会剪辑两个边缘
clip_vertical	80	可以设置为将子项的顶部和/或底部边缘剪裁到其容器边界的附加选项。剪辑将基于垂直重力:顶部重力将剪辑底部边缘,底部重力将剪辑顶部边缘,两者都不会剪辑两个边缘
fill	77	如果需要,增加对象的水平和垂直大小,使其完全填满其容器
fill_horizontal	7	如果需要,增加对象的水平尺寸,使其完全填满容器
fill_vertical	70	如果需要,增大对象的垂直尺寸,使其完全填满容器
left	3	将对象推到其容器的左侧,不改变其大小
right	5	将对象推到其容器的右侧,不改变其大小
bottom	50	将对象推到其容器的底部,而不改变其大小
top	30	将对象推到其容器的顶部,而不改变其大小
start	800003	将对象推到其容器的开头,不改变其大小
end	800005	将对象推到其容器的末端,不改变其大小

1)均等分布

如要创建线性布局,让每个子组件使用大小相同的屏幕空间,请将每个视图的android:layout_height设置为"0dp"(针对垂直布局),或将每个视图的android:layout_width设置为"0dp"(针对水平布局)。然后,再将每个视图的android:layout_weight设置为"1",如图2-53所示。

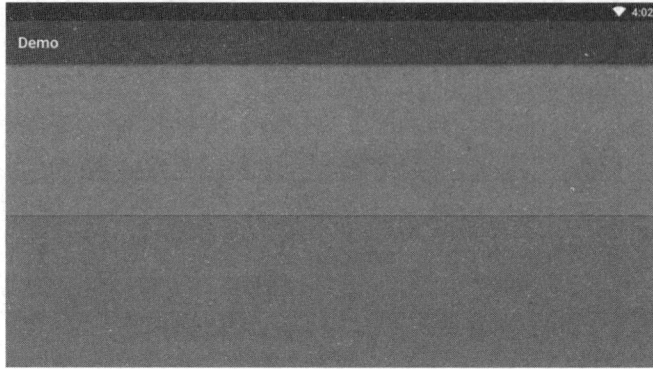

图2-53 均等分布

示例代码:

```xml
<?xml version="1.0" encoding="utf-8"?>
<LinearLayout xmlns:android="http://schemas.android.com/apk/res/android"
    android:layout_width="match_parent"
    android:layout_height="match_parent"
    android:orientation="vertical">
    <LinearLayout
        android:id="@+id/ll_top"
        android:layout_width="match_parent"
        android:layout_weight="1"
        android:background="@color/color_188FFF"
        android:orientation="horizontal"
        android:layout_height="0dp">
    </LinearLayout>
    <LinearLayout
        android:id="@+id/ll_bottom"
        android:layout_width="match_parent"
        android:layout_weight="1"
        android:orientation="horizontal"
        android:background="@color/color_ff0000"
        android:layout_height="0dp">
    </LinearLayout>
</LinearLayout>
```

2)不等分布

创建线性布局,让子元素使用大小不同的屏幕空间,如图2-54所示。

①如果有三个文本字段,其中两个声明权重为1,另一个未赋予权重,那么没有权重的第三个文本字段就不会展开,而仅占据其内容所需的区域。另外两个文本字段将以同等幅度展开,填充测量三个字段后仍剩余的空间。

②如果有三个文本字段,其中两个字段声明权重为1,而为第三个字段赋予权重2(而非0),那么现在相当于声明第三个字段比另外两个字段更为重要。因此,该字段将获得总剩余空间的一半,而其他两个字段均享余下的空间。

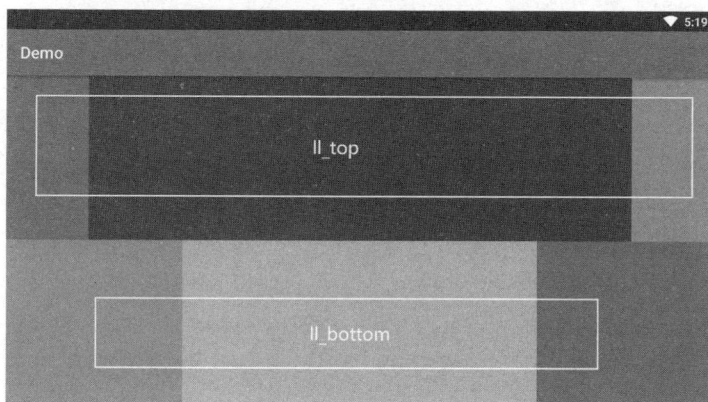

图2-54　不等分布

示例代码:

```xml
<?xml version="1.0" encoding="utf-8"?>
<LinearLayout xmlns:android="http://schemas.android.com/apk/res/android"
    android:layout_width="match_parent"
    android:layout_height="match_parent"
    android:orientation="vertical">
    <LinearLayout
        android:id="@+id/ll_top"
        android:layout_width="match_parent"
        android:layout_weight="1"
        android:background="@color/color_188FFF"
        android:orientation="horizontal"
        android:layout_height="0dp">
        <View
            android:id="@+id/view_top_1"
            android:layout_width="100dp"
            android:layout_height="match_parent"
            android:background="@color/color_666666"/>
        <View
```

```
                android:id="@+id/view_top_2"
                android:layout_width="0dp"
                android:layout_height="match_parent"
                android:layout_weight="1"
                android:background="@color/white"/>
        <View
                android:id="@+id/view_top_3"
                android:layout_width="100dp"
                android:layout_height="match_parent"
                android:background="@color/color_FF773D"/>
    </LinearLayout>
    <LinearLayout
            android:id="@+id/ll_bottom"
            android:layout_width="match_parent"
            android:layout_weight="1"
            android:orientation="horizontal"
            android:background="@color/color_ff0000"
            android:layout_height="0dp">
        <View
                android:id="@+id/view_bottom_1"
                android:layout_width="0dp"
                android:layout_height="match_parent"
                android:layout_weight="1"
                android:background="@color/color_666666"/>
        <View
                android:id="@+id/view_bottom_2"
                android:layout_width="0dp"
                android:layout_height="match_parent"
                android:layout_weight="2"
                android:background="@color/white"/>
        <View
                android:id="@+id/view_bottom_3"
                android:layout_width="0dp"
                android:layout_height="match_parent"
                android:layout_weight="1"
                android:background="@color/color_FF773D"/>
    </LinearLayout>
</LinearLayout>
```

（6）相对布局（RelativeLayout）

RelativeLayout是一个视图组，每个子组件位置是相对的，可以相对于同一层级下其他控件，也可以相对于父控件。

RelativeLayout是设计用户界面的非常强大的实用程序，它可以消除嵌套视图组并保持布局层次结构平坦，从而提高性能。如果发现自己使用了多个嵌套LinearLayout组，则可以将它们替换为单个RelativeLayout。

RelativeLayout让子视图指定它们相对于父视图或彼此的位置（由ID指定）。因此，如果A组件的位置是由B组件的位置来决定，Android要求先定义B组件，再定义A组件。

RelativeLayout的常用XML属性和相关方法及说明见表2-4。

表2-4　RelativeLayout常用XML属性和相关方法及说明

XML属性	相关方法	说明
android：gravity	setGravity（int）	指定对象如何在其自身边界内的X轴和Y轴上定位其内容；必须是Gravity常量值中的一个或多个（以"｜"分隔）
android：ignoreGravity	setIgnoreGravity（int）	指示哪个视图不应受重力影响

为了控制RelativeLayout布局容器中各子组件的布局分布，RelativeLayout提供了一个内部类：RelativeLayout.LayoutParams，该类提供了大量的XML属性来控制RelativeLayout布局容器中子组件的布局分布。RelativeLayout.LayoutParams里设的XML属性和说明见表2-5。

表2-5　RelativeLayout.LayoutParams里设的XML属性和说明

XML属性	说明
android：layout_above	将此视图的底部边缘定位在给定的锚视图ID上方
android：layout_alignBaseline	将此视图的基线定位在给定的锚视图ID的基线上
android：layout_alignBottom	使此视图的底部边缘与给定的锚视图ID的底部边缘匹配
android：layout_alignEnd	使此视图的结束边缘与给定的锚视图ID的结束边缘匹配
android：layout_alignLeft	使此视图的左边缘与给定的锚视图ID的左边缘匹配
android：layout_alignParentBottom	如果为true，则使此视图的底部边缘与父视图的底部边缘匹配
android：layout_alignParentEnd	如果为true，则使此视图的结束边缘与父视图的结束边缘匹配
android：layout_alignParentLeft	如果为true，则使此视图的左边缘与父视图的左边缘匹配
android：layout_alignParentRight	如果为true，则使此视图的右边缘与父视图的右边缘匹配
android：layout_alignParentStart	如果为true，则使此视图的起始边缘与父视图的起始边缘匹配
android：layout_alignParentTop	如果为true，则使此视图的顶部边缘与父视图的顶部边缘匹配
android：layout_alignRight	使此视图的右边缘与给定的锚视图ID的右边缘匹配

续表

XML属性	说明
android:layout_alignStart	使此视图的起始边缘与给定的锚视图 ID 的起始边缘匹配
android:layout_alignTop	使此视图的顶部边缘与给定的锚视图 ID 的顶部边缘匹配
android:layout_alignWithParentIfMissing	如果设置为 true,则在 layout_toLeftOf、layout_toRightOf 等无法找到锚点时,将使用父级作为锚点
android:layout_below	将此视图的顶部边缘定位在给定的锚视图 ID 下方
android:layout_centerHorizontal	如果为 true,则此子项在其父项内水平居中
android:layout_centerInParent	如果为 true,则此子项在其父项内水平和垂直居中
android:layout_centerVertical	如果为 true,则将此子项垂直居中于其父项内
android:layout_toEndOf	将此视图的起始边缘定位到给定的锚视图 ID 的末尾
android:layout_toLeftOf	将此视图的右边缘定位在给定的锚视图 ID 的左侧
android:layout_toRightOf	将此视图的左边缘定位在给定的锚视图 ID 的右侧
android:layout_toStartOf	将此视图的结束边缘定位到给定的锚视图 ID 的开始处
android:layout_above	将此视图的底部边缘定位在给定的锚视图 ID 上方

①不设置相对位置(重叠在一起),如图 2-55 所示。

图2-55　不设置相对位置

```
<?xml version="1.0" encoding="utf-8"?>
<RelativeLayout xmlns:android="http://schemas.android.com/apk/res/android"
    android:layout_width="match_parent"
    android:layout_height="match_parent">
    <View
        android:id="@+id/view_top_1"
        android:layout_width="match_parent"
        android:layout_height="100dp"
        android:background="@color/color_666666"/>
```

```
<View
    android:id="@+id/view_top_2"
    android:layout_width="200dp"
    android:layout_height="100dp"
    android:background="@color/teal_200"/>
<View
    android:id="@+id/view_top_3"
    android:layout_width="100dp"
    android:layout_height="100dp"
    android:background="@color/color_FF773D"/>
</RelativeLayout>
```

②设置相对位置,未出现重叠,如图2-56所示。

图2-56　设置相对位置,未出现重叠

```
<?xml version="1.0" encoding="utf-8"?>
<RelativeLayout xmlns:android="http://schemas.android.com/apk/res/android"
    android:layout_width="match_parent"
    android:layout_height="match_parent">
    <View
        android:id="@+id/view_top_1"
        android:layout_width="match_parent"
        android:layout_height="100dp"
        android:background="@color/color_666666"/>
```

```
    <View
        android:id="@+id/view_top_2"
        android:layout_width="200dp"
        android:layout_below="@id/view_top_1"
        android:layout_height="100dp"
        android:background="@color/teal_200"/>
    <View
        android:id="@+id/view_top_3"
        android:layout_width="100dp"
        android:layout_below="@id/view_top_2"
        android:layout_height="100dp"
        android:background="@color/color_FF773D"/>
    <View
        android:id="@+id/view_top_4"
        android:layout_width="100dp"
        android:layout_below="@id/view_top_2"
        android:layout_toRightOf="@id/view_top_3"
        android:layout_height="100dp"
        android:background="@color/purple_500"/>
</RelativeLayout>
```

(7)网格布局(GridLayout)

GridLayout 把这个容器划分成 rows×columns 个网格,每个网格可以放一个组件。除此之外,也可以设置一个组件横跨多少列、一个组件纵跨多少行(支持跨行和跨列以及每个单元格组内的任意对齐形式)。

GridLayout 提供了 setColumnCount(int)和 setRowCount(int)方法来控制该网络的列数和行数。

GridLayout 的 XML 属性和相关方法及说明见表2-6。

表2-6　GridLayout的XML属性和相关方法及说明

XML 属性	相关方法	说明
android:alignmentMode	setAlignmentMode(int)	当设置为 alignMargins 时,会导致在视图的外边界之间进行对齐,由其边距定义
android:columnCount	setColumnCount(int)	自动定位子项时要创建的最大列数
android:columnOrderPreserved	setColumnOrderPreserved(boolean)	设置为 true 时,强制列边界以与列索引相同的顺序出现
android:orientation	setOrientation(int)	布局期间不使用方向属性

XML 属性	相关方法	说明
android:rowCount	setRowCount(int)	自动定位子项时要创建的最大行数
android:rowOrderPreserved	setRowOrderPreserved(boolean)	设置为 true 时,强制行边界以与行索引相同的顺序出现
android:useDefaultMargins	setUseDefaultMargins(boolean)	当设置为 true 时,告诉 GridLayout 在视图的布局参数中未指定任何边距时使用默认边距

为了控制 GridLayout 布局容器中各子组件的布局分布,GridLayout 提供了一个内部类:GridLayout.LayoutParams,该类提供了大量的 XML 属性来控制 GridLayout 布局容器中子组件的布局分布。

GridLayout.LayoutParams 里设的 XML 属性和相关方法及说明见表2-7。

表2-7 GridLayout.LayoutParams里设的XML属性和相关方法及说明

XML 属性	相关方法	说明
android:layout_column		界定此视图占用的单元格组左侧的列边界
android:layout_columnSpan		列跨度:界定此视图占用的单元格组的左右边界之间的差异
android:layout_columnWeight		在多余空间分配期间应分配给此视图的水平空间的相对比例
android:layout_gravity	setGravity(int)	重力指定组件应如何放置在其单元组中
android:layout_row		界定此视图占据的单元格组顶部的行边界
android:layout_rowSpan		行跨度:界定此视图占据的单元格组的顶部和底部边界之间的差异
android:layout_rowWeight		在多余空间分配期间应分配给此视图的垂直空间的相对比例

实现一个计算器,如图 2-57 所示。

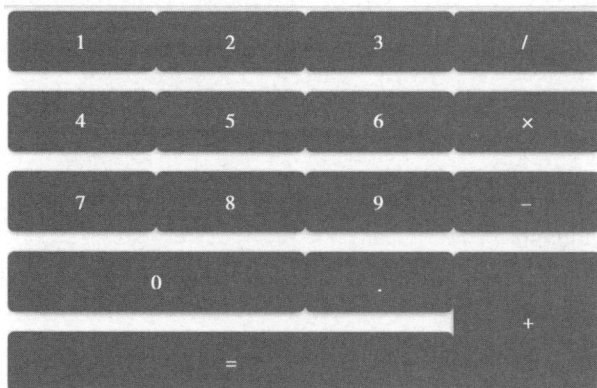

图2-57 计算器

```xml
<?xml version="1.0" encoding="utf-8"?>
<GridLayout xmlns:android="http://schemas.android.com/apk/res/android"
    android:layout_width="wrap_content"
    android:layout_height="wrap_content"
    android:columnCount="4"
    android:rowCount="5">
    <Button
    android:id="@+id/one"
    android:text="1" />
    <Button
    android:id="@+id/two"
    android:text="2" />
    <Button
    android:id="@+id/three"
    android:text="3" />
    <Button
    android:id="@+id/devide"
    android:text="/" />
    <Button
    android:id="@+id/four"
    android:text="4" />
    <Button
    android:id="@+id/five"
    android:text="5" />
    <Button
    android:id="@+id/six"
    android:text="6" />
    <Button
    android:id="@+id/multiply"
    android:text=" × " />
    <Button
    android:id="@+id/seven"
    android:text="7" />
    <Button
    android:id="@+id/eight"
    android:text="8" />
    <Button
    android:id="@+id/nine"
    android:text="9" />
```

```
    <Button
    android:id="@+id/minus"
    android:text="-" />
    <Button
    android:id="@+id/zero"
    android:layout_columnSpan="2"
    android:layout_gravity="fill"
    android:text="0" />
    <Button
    android:id="@+id/point"
    android:text="." />
    <Button
    android:id="@+id/plus"
    android:layout_rowSpan="2"
    android:layout_gravity="fill"
    android:text="+" />
    <Button
    android:id="@+id/equal"
    android:layout_columnSpan="3"
    android:layout_gravity="fill"
    android:text="=" />
</GridLayout>
```

这样的布局用 LinearLayout 也能做,但是相对麻烦一点,所以在适当的时候使用 GridLayout 就非常有必要了。子组件中并没有指定 android:layout_width 和 android:layout_height 属性。这是因为这两个属性的默认值都是 LayoutPrams.WRAP_COUNTENT,而在此,应该希望使用的就是 LayoutPrams.WRAP_COUNTENT,所以就不必要指定了。GridLayout 和 LinaerLayout 十分相似,所以将 LinaerLayout 替换为 GridLayout 也相当简单。

(8)表格布局(TableLayout)

TableLayout 继承了 LinearLayout,因此它的本质依然是线性布局管理器。表格采用行、列的形式来管理 UI 组件,TableLayout 并不需要明确声明包含多少行、多少列,而是通过 TableRow、其他组件来控制表格的行数和列数。

每次向 TableLayout 中添加 TableRow,该 TableRow 就是一个表格行,TableRow 也是容器,因此它也可以不断地添加其他组件,每添加一个子组件该表格就增加一列。

如果直接向 TableLayout 添加组件,那么这个组件将直接占一行。

在 TableLayout 中、列的宽度由该列最宽的那个单元格决定,整个 TableLayout 的宽度取决于父容器的宽度(默认占满父容器)

在 TableLayout 中,可以为单元格设置的3种行为方式:

①Collapsed：如果某列被设为Collapsed，那么该列所有单元格都会被隐藏。

②Shrinkable：如果某列被设为Shrinkable，那么该列所有单元格的宽度可以被收缩，以保证该变革能适应父容器的宽度。

③Stretchable：如果某列被设为Stretchable，那么该列所有单元格的宽度可以被拉伸，以保证组件能完全填充满表格空余空间。

TableLayout继承了LinearLayout，因此它完全可以支持LinearLayout所支持的XML属性，除此之外还支持下面的XML属性。

TableLayout的常用XML属性和相关方法及说明见表2-8。

表2-8　TableLayout的常用XML属性和相关方法及说明

XML属性	相关方法	说明
android:collapseColumns	setColumnCollapsed(int,boolean)	要折叠的列从零开始的索引
android:shrinkColumns	setShrinkAllColumns(boolean)	要收缩的列从零开始的索引
android:stretchColumns	setStretchAllColumns(boolean)	要拉伸的列从零开始的索引

表格布局示例，如图2-58所示。

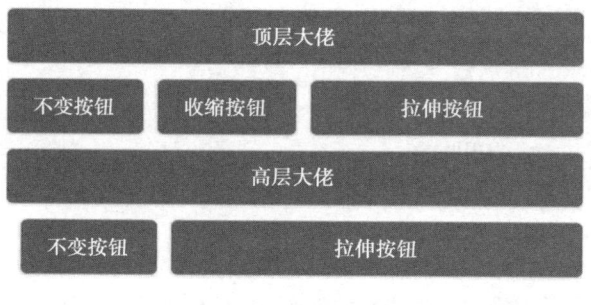

图2-58　表格布局示例

```
<?xml version="1.0" encoding="utf-8"?>
<LinearLayout xmlns:android="http://schemas.android.com/apk/res/android"
    android:layout_width="match_parent"
    android:layout_height="match_parent"
    android:layout_margin="10dp"
    android:orientation="vertical">
    <TableLayout
      android:layout_width="match_parent"
      android:layout_height="wrap_content"
      android:shrinkColumns="1"
      android:stretchColumns="2">
      <Button
            android:layout_width="match_parent"
```

```xml
                android:layout_height="wrap_content"
                android:text="顶层大佬" />
    <TableRow>
            <Button
                android:layout_width="match_parent"
                android:layout_height="wrap_content"
                android:text="不变按钮" />
            <Button
                android:layout_width="match_parent"
                android:layout_height="wrap_content"
                android:layout_marginLeft="10dp"
                android:text="收缩按钮" />
            <Button
                android:layout_width="match_parent"
                android:layout_height="wrap_content"
                android:layout_marginLeft="10dp"
                android:text="拉伸按钮" />
    </TableRow>
</TableLayout>
<TableLayout
    android:layout_width="match_parent"
    android:layout_height="wrap_content"
    android:collapseColumns="0"
    android:stretchColumns="2">
    <Button
                android:layout_width="match_parent"
                android:layout_height="wrap_content"
                android:text="高层大佬" />
    <TableRow>
            <Button
                android:layout_width="match_parent"
                android:layout_height="wrap_content"
                android:text="隐藏按钮" />
            <Button
                android:layout_width="match_parent"
                android:layout_height="wrap_content"
                android:layout_marginLeft="10dp"
                android:text="不变按钮" />
            <Button
```

```
                android:layout_width="match_parent"
                android:layout_height="wrap_content"
                android:layout_marginLeft="10dp"
                android:text="拉伸按钮" />
        </TableRow>
    </TableLayout>
</LinearLayout>
```

(9)帧布局(FrameLayout)

FrameLayout将控件以栈的形式堆叠起来,最近添加进去的控件绘制在最顶部。FrameLayout为每个加入其中的组件创建一个空白的区域(称为一帧),每个子组件占据一帧,这些帧都会根据gravity属性执行自动对齐。

FrameLayout常用的XML属性和相关方法及说明见表2-9。

表2-9　FrameLayout常用的XML属性和相关方法及说明

XML属性	相关方法	说明
android:foregroundGravity	setForegroundGravity(int)	定义要应用于前景可绘制对象的重力
android:measureAllChildren	setMeasureAllChildren(boolean)	确定测量时是测量所有子项还是仅测量处于可见或不可见状态的子项

FrameLayout包含的子元素也受到FrameLayout.LayoutParams的控制,因此它所包含的子元素也可以指定android:layout_gravity,如图2-59所示。

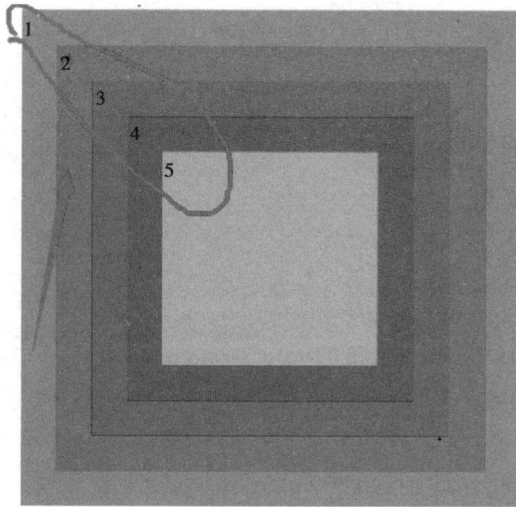

图2-59　帧布局示例

```xml
<?xml version="1.0" encoding="utf-8"?>
<FrameLayout xmlns:android="http://schemas.android.com/apk/res/android"
    android:layout_width="match_parent"
    android:layout_height="match_parent">
    <!--依次定义 5 个 View,先定义的在最下面-->
    <TextView
        android:layout_width="wrap_content"
        android:layout_height="wrap_content"
        android:layout_gravity="center"
        android:width="280dp"
        android:height="280dp"
        android:text="1"
        android:background="@color/color_FF773D"/>
    <TextView
        android:layout_width="wrap_content"
        android:layout_height="wrap_content"
        android:layout_gravity="center"
        android:width="240dp"
        android:text="2"
        android:height="240dp"
        android:background="@color/color_188FFF"/>
    <TextView
        android:layout_width="wrap_content"
        android:layout_height="wrap_content"
        android:layout_gravity="center"
        android:width="200dp"
        android:text="3"
        android:height="200dp"
        android:background="@color/color_ff0000"/>
    <TextView
        android:layout_width="wrap_content"
        android:layout_height="wrap_content"
        android:layout_gravity="center"
        android:width="160dp"
        android:height="160dp"
        android:text="4"
        android:background="@color/teal_700"/>
    <TextView
        android:layout_width="wrap_content"
```

```
        android:layout_height="wrap_content"
        android:layout_gravity="center"
        android:width="120dp"
        android:height="120dp"
        android:text="5"
        android:background="@color/teal_200"/>
</FrameLayout>
```

（10）约束布局（ConstraintLayout）

将该库作为依赖项添加到 app/ build.gradle 文件中。

```
dependencies {
    implementation "androidx.constraintlayout:constraintlayout:2.0.4"
    // To use constraintlayout in compose
    implementation "androidx.constraintlayout:constraintlayout-compose:1.0.0-alpha06"
}
```

ConstraintLayout 允许以灵活的方式定位和调整子组件的大小。它与 RelativeLayout 类似，所有的视图都是根据兄弟视图和父布局之间的关系来布局的，但是它比 RelativeLayout 更灵活，并且更易于在 Android Studio 的布局编辑器中使用。

ConstraintLayout 的所有功能都可以直接从布局编辑器的可视化工具中使用，因为布局 API 和布局编辑器是专门为对方构建的。所以可以使用 ConstraintLayout 完全通过拖放操作来构建布局，而不是编辑 XML。

请注意，约束中不能有循环依赖。

约束布局示例效果如图 2-60 所示。

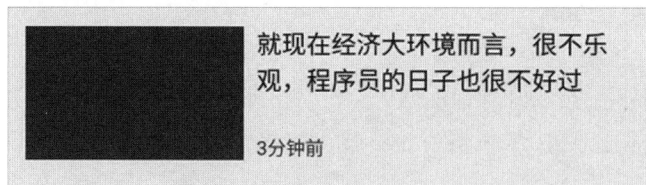

图2-60　约束布局示例效果

```
<?xml version="1.0" encoding="utf-8"?>
<androidx.constraintlayout.widget.ConstraintLayout xmlns:android="http://schemas.android.
com/apk/res/android"
    xmlns:app="http://schemas.android.com/apk/res-auto"
    android:id="@+id/activity_main"
    android:layout_width="match_parent"
```

```xml
        android:layout_height="match_parent"
        android:background="#11ff0000">
    <TextView
        android:id="@+id/tv1"
        android:layout_width="140dp"
        android:layout_height="86dp"
        android:layout_marginLeft="12dp"
        android:layout_marginTop="12dp"
        android:background="#617"
        app:layout_constraintLeft_toLeftOf="parent"
        app:layout_constraintTop_toTopOf="parent" />
    <TextView
        android:id="@+id/tv2"
        android:layout_width="0dp"
        android:layout_height="wrap_content"
        android:layout_marginLeft="8dp"
        android:layout_marginRight="12dp"
        android:text="就现在经济大环境而言,很不乐观,程序员的日子也很不好过"
        android:textColor="#000000"
        android:textSize="16dp"
        app:layout_constraintLeft_toRightOf="@id/tv1"
        app:layout_constraintRight_toRightOf="parent"
        app:layout_constraintTop_toTopOf="@id/tv1" />
    <TextView
        android:id="@+id/tv3"
        android:layout_width="wrap_content"
        android:layout_height="wrap_content"
        android:layout_marginLeft="8dp"
        android:layout_marginTop="12dp"
        android:text="3 分钟前"
        android:textColor="#333"
        android:textSize="12dp"
        app:layout_constraintBottom_toBottomOf="@id/tv1"
        app:layout_constraintLeft_toRightOf="@id/tv1" />
</androidx.constraintlayout.widget.ConstraintLayout>
```

①tv1 设置了:父布局的左上角。

· app:layout_constraintLeft_toLeftOf="parent"

· app:layout_constraintTop_toTopOf="parent"

②tv2设置了:tv2在tv1的右侧,tv2的右侧和父布局对齐,tv2和tv1顶部对齐。

• app:layout_constraintLeft_toRightOf="@id/tv1",

• app:layout_constraintRight_toRightOf="parent"

• app:layout_constraintTop_toTopOf="@id/tv1"

③tv3设置了:tv3在tv1的右侧,tv3和tv1底部对齐。

• app:layout_constraintLeft_toRightOf="@id/tv1"

• app:layout_constraintBottom_toBottomOf="@id/tv1"

相对定位是在 ConstraintLayout 中创建布局的基本构建块之一。这些约束允许相对于另一个小部件定位给定的小部件。可以在水平和垂直轴上约束小部件。

• 水平轴:左、右、起点和终点。

• 垂直轴:顶边、底边和文本基线。

一般概念是将小部件的给定一侧约束到任何其他小部件的另一侧。以下是可用约束的列表:

• layout_constraintLeft_toLeftOf

• layout_constraintLeft_toRightOf

• layout_constraintRight_toLeftOf

• layout_constraintRight_toRightOf

• layout_constraintTop_toTopOf

• layout_constraintTop_toBottomOf

• layout_constraintBottom_toTopOf

• layout_constraintBottom_toBottomOf

• layout_constraintBaseline_toBaselineOf

• layout_constraintStart_toEndOf

• layout_constraintStart_toStartOf

• layout_constraintEnd_toStartOf

• layout_constraintEnd_toEndOf

如果设置了边距,它们将应用于相应的约束(如果存在),将边距强制为目标边和源边之间的空间。通常的布局边距属性可用于此效果:

• android:layout_marginStart

• android:layout_marginEnd

• android:layout_marginLeft

• android:layout_marginTop

• android:layout_marginRight

• android:layout_marginBottom

请注意,边距只能为正数或等于零,并且需要一个 Dimension。

当位置约束目标的可见性为 View.GONE 时,还可以使用以下属性指示要使用的不同边距值:

• layout_goneMarginStart

• layout_goneMarginEnd

• layout_goneMarginLeft

• layout_goneMarginTop

• layout_goneMarginRight

• layout_goneMarginBottom

可以为ConstraintLayout自身定义最小和最大尺寸：

• android:minWidth 设置布局的最小宽度

• android:minHeight 设置布局的最小高度

• android:maxWidth 设置布局的最大宽度

• android:maxHeight 设置布局的最大高度

(11)绝对布局(AbsoluteLayout)

因为灵活性太差，在API Level 3中被废弃。在实际使用中需要为所有子组件指定x,y坐标。它的直接子类是WebView。

2.2.2　设置背景图片

Android开发中，可以通过两种方式设置背景图片。

(1)通过XML文件

在 activity 的 xml 配置文件中添加 android:background="@drawable/bg"，bg 是 drawable 文件夹下的一个图片名，如图2-61所示。这种方式优先级最高，不会影响到其他activity。

```xml
<?xml version="1.0" encoding="utf-8"?>
<android.support.constraint.ConstraintLayout xmlns:android="http://schemas.android.com/apk/res/android"
    xmlns:app="http://schemas.android.com/apk/res-auto"
    xmlns:tools="http://schemas.android.com/tools"
    android:layout_width="match_parent"
    android:background="@drawable/bg"
    android:layout_height="match_parent"
    tools:context=".MainActivity">
```

图2-61　通过XML文件设置背景图片

注意：图片名必须以Java的变量名命名规范（由数字、字母、下画线、$组成，不能以数字开头）来命名，否则会报错。

(2)通过代码动态加载

第一种方式：

在 setContentView( )函数后添加语句"getWindow( ).setBackgroundDrawableResource (R.drawable.bg)；"，如图2-62所示。这种方式会影响到其他的activity。

```java
@Override
protected void onCreate(Bundle savedInstanceState) {
    super.onCreate(savedInstanceState);
    setContentView(R.layout.activity_main);
    getWindow().setBackgroundDrawableResource(R.drawable.bg);
}
```

图2-62　通过代码动态加载背景图片

第二种：通过activity的id实例化ConstraintLayout，再去设置背景，这种方式不会影响到其他activity，如图2-63和图2-64所示。

```
<android.support.constraint.ConstraintLayout xmlns:android="http://schemas.android.com/apk/res/android"
    xmlns:app="http://schemas.android.com/apk/res-auto"
    xmlns:tools="http://schemas.android.com/tools"
    android:id="@+id/activity1"
    android:layout_width="match_parent"
    android:layout_height="match_parent"
    android:background="@drawable/bg"
    tools:context=".MainActivity">
```

图2-63　设置背景

```
@Override
protected void onCreate(Bundle savedInstanceState) {
    super.onCreate(savedInstanceState);
    setContentView(R.layout.activity_main);
    ConstraintLayout constraintLayout = findViewById(R.id.activity1);
    constraintLayout.setBackgroundResource(R.drawable.bg);
    initContentView();
    Log.d(TAG, msg: "onCreate: 123456");
}
```

图2-64　通过activity的id实例化

2.2.3　TextView的使用方法

（1）TextView简介

TextView用于向用户显示文本，并可以选择允许用户编辑的文本。TextView是一个完整的文本编辑器，但基类为不允许编辑，其子类EditText允许文本编辑。TextView的继承关系如图2-65所示。

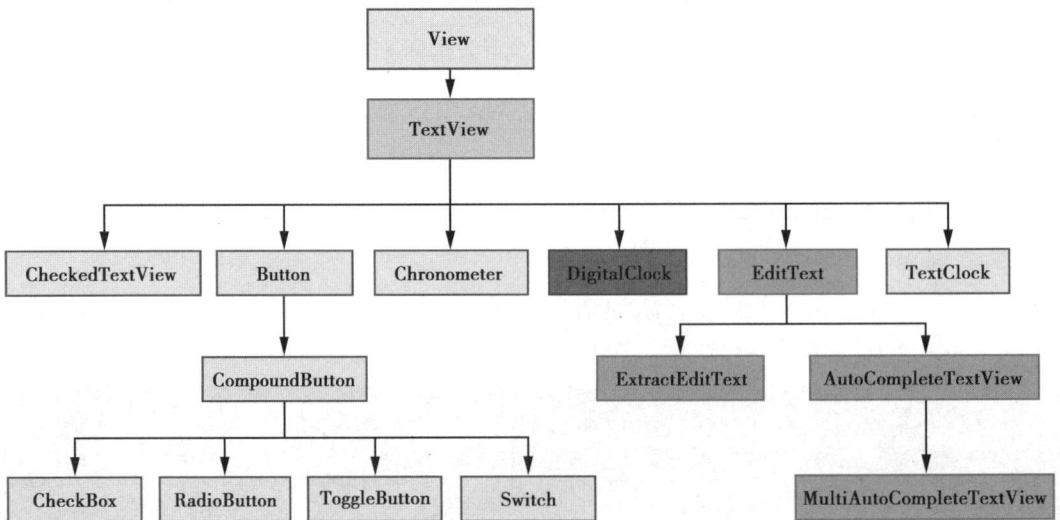

图2-65　TextView的继承关系

最简单的TextView，代码如下。

```
<TextView
    android:layout_width="wrap_content"
    android:layout_height="wrap_content" />
```

（2）基础属性

通过图2-66所示的简单界面，了解几个最基本的属性：

图2-66　TextView的继承关系

布局代码：

```
<RelativeLayout xmlns:android="http://schemas.android.com/apk/res/android"
    xmlns:tools="http://schemas.android.com/tools"
    android:layout_width="match_parent"
    android:layout_height="match_parent"
    tools:context=".MainActivity"
    android:gravity="center"
    android:background="#8fffad">

    <TextView
        android:id="@+id/txtOne"
```

```
        android:layout_width="200dp"
        android:layout_height="200dp"
        android:gravity="center"
        android:text="TextView(显示框)"
        android:textColor="#EA5246"
        android:textStyle="bold|italic"
        android:background="#000000"
        android:textSize="18sp" />
</RelativeLayout>
```

•id：为 TextView 设置一个组件 id，根据 id，可以在 Java 代码中通过 findViewById( )的方法获取到该对象，然后进行相关属性的设置。

•layout_width：组件宽度。属性值通常为：wrap_content 或 match_parent。前者是控件显示的内容多大，控件就多大，而后者会填满该控件所在的父容器；当然也可以设置成特定的大小，比如：200dp。

•layout_height：组件的高度，内容同 layout_width。

•gravity：设置控件中内容的对齐方向。

•text：设置显示的文本内容，项目中，通常会把字符串写到 string.xml 文件中，然后通过@String/xxx 取得对应的字符串内容。

•textColor：设置字体颜色，通过 colors.xml 资源来引用。

•textStyle：设置字体风格，3个可选值：normal(无效果)，bold(加粗)，italic(斜体)。

•textSize：字体大小，单位一般用 sp。

•background：控件的背景颜色，可以理解为填充整个控件的颜色，也可以是图片。

(3)常用设置

1)在 xml 中创建并设置属性

```
<?xml version="1.0" encoding="utf-8"?>
<LinearLayout xmlns:android="http://schemas.android.com/apk/res/android"
    android:layout_width="match_parent"
    android:layout_height="match_parent"
    android:layout_margin="@dimen/dimen_20"
    android:orientation="vertical">
    <!--在 Design 中表示可从左侧控件展示处拖拽至布局文件上，创建简单一个
TextView。-->
    <TextView
        android:id="@+id/textView"
        android:layout_width="match_parent"
        android:layout_height="wrap_content"
```

```
        android:text="TextView" />
```
<!--修改颜色、大小-->

<!--设置颜色 @color/color_ff0000 位置：app/ues/colors-->

<!--设置大小 @dimen/text_size_18 位置：app/ues/dimens-->

<!--设置内容 @string/str_setting_color_size 位置：app/ues/strings-->

```
<TextView
        android:layout_width="match_parent"
        android:layout_height="wrap_content"
        android:text="@string/str_setting_color_size"
        android:layout_marginTop="@dimen/dimen_10"
        android:textColor="@color/color_ff0000"
        android:textSize="@dimen/text_size_20" />
```
<!--对电话和邮件增加链接-->

<!--autoLink 对文本内容自动添加 Email 地址、电话号码添加超级链接-->

```
<TextView
        android:layout_width="match_parent"
        android:layout_height="wrap_content"
        android:autoLink="email|phone"
        android:gravity="center_vertical"
        android:layout_marginTop="@dimen/dimen_10"
        android:text="可点击跳转邮件：SCC5201314@qq.com\n，可点击跳转电话：0215201314"
        android:textColor="@color/color_188FFF"
        android:textSize="@dimen/text_size_14" />
```
<!--padding 内边距(边到可用范围的距离)-->

```
<TextView
        android:layout_width="wrap_content"
        android:layout_height="wrap_content"
        android:background="@color/color_ff0000"
        android:layout_marginTop="@dimen/dimen_10"
        android:padding="10dp"
        android:text="背景色红色的文本"/>
```
<!--内容过多-->

<!--maxLength 最多显示几行，单行也可用 android:singleline="true"-->

<!--ellipsize，内容显示不下时，显示…(位置最前、中间、最后都可以)，这里要加行数限制才行-->

<!--lineSpacingMultiplier，行距-->

```
<TextView
        android:layout_width="match_parent"
```

```
        android:layout_height="wrap_content"
        android:ellipsize="end"
        android:gravity="center_vertical"
        android:lineSpacingMultiplier="1.2"
        android:layout_marginTop="@dimen/dimen_10"
        android:maxLength="2"
        android:text="TxtView 继承了 View，它还是 Button、EditText 两个 UI 组件类的
父类。它的作用是在用户界面上显示文本。从功能上来看 TextView 就是一个文本编
辑器，只不过 Android 关闭了它的可编辑功能。如果需要一个可编辑的文本框，就要使
用到它的子类 EditText 了，EditText 允许用户编辑文本框中的内容。TextView 和
EditText 最大的区别就在于 TextView 不允许用户编辑文本内容，EditText 允许用户编
辑文本内容。"
        android:textColor="@color/color_188FFF"
        android:textSize="@dimen/text_size_14" />
    <!--background 设置背景色-->
</LinearLayout>
```

2)在 xml 中创建，在代码中设置属性

①布局文件：

```
<?xml version="1.0" encoding="utf-8"?>
<LinearLayout xmlns:android="http://schemas.android.com/apk/res/android"
    android:layout_width="match_parent"
    android:layout_height="match_parent"
    android:layout_margin="@dimen/dimen_20"
    android:orientation="vertical">
    <TextView
        android:layout_width="match_parent"
        android:layout_height="wrap_content"
        android:text="下面是用代码实现效果"
        android:textSize="@dimen/text_size_18"
        android:layout_marginTop="@dimen/dimen_20"
        android:layout_marginBottom="@dimen/dimen_10"
        android:textColor="@color/black"
        android:textStyle="bold" />

    <TextView
        android:id="@+id/tv_flag"
        android:layout_width="match_parent"
```

```
        android:layout_height="wrap_content"
        android:textColor="@color/color_188FFF"
        android:layout_marginTop="@dimen/dimen_10"
        android:text="给文本加画线"
        android:textSize="@dimen/text_size_18" />

    <TextView
        android:id="@+id/tv_gradient"
        android:layout_width="match_parent"
        android:layout_height="wrap_content"
        android:layout_marginTop="@dimen/dimen_10"
        android:textColor="@color/white"
        android:text="文字渐变是不是很神奇"
        android:textSize="@dimen/text_size_18" />

    <TextView
        android:id="@+id/tv_bg"
        android:layout_width="wrap_content"
        android:layout_height="wrap_content"
        android:layout_marginTop="@dimen/dimen_10"
        android:padding="10dp"
        android:text="设置背景色"
        android:textColor="@color/white"
        android:textSize="@dimen/text_size_18" />

    <TextView
        android:id="@+id/tv_size"
        android:layout_width="match_parent"
        android:layout_height="wrap_content"
        android:layout_marginTop="@dimen/dimen_10"
        android:textColor="@color/color_ff0000"
        android:text="文字特别大小不一致" />

    <TextView
        android:id="@+id/tv_onclick"
        android:layout_width="match_parent"
        android:layout_marginTop="@dimen/dimen_10"
        android:layout_height="wrap_content"
        android:textSize="@dimen/dimen_20"
```

```
                android:text="可点击可长按" />
</LinearLayout>
```

②在代码中实现：

```
//下画线并加清晰
tv_flag.getPaint().setFlags(Paint.UNDERLINE_TEXT_FLAG | Paint.ANTI_ALIAS_FLAG);
tv_flag.getPaint().setAntiAlias(true);//抗锯齿

int[] colors = {0xff188fff, 0xffff773D, 0xffff0000};//颜色的数组
LinearGradient mLinearGradient = new LinearGradient(0, 0, 0,
                tv_gradient.getPaint().getTextSize(), colors, null, Shader.TileMode.CLAMP);
tv_gradient.getPaint().setShader(mLinearGradient);
tv_gradient.inidate();

int fillColor = Color.parseColor("#ff0000");//内部填充颜色
GradientDrawable gd = new GradientDrawable();//创建 drawable
gd.setColor(fillColor);//设置背景色
gd.setCornerRadius(10);//设置圆角
tv_bg.setBackground(gd);//设置背景

Spannable wordtoSpan = new SpannableString(tv_size.getText().toString());
//setSpan：参数 1，设置文字大小；参数 2，开始的文字位置；参数 3，结束改变文字位置不
包含这个位置
wordtoSpan. setSpan(new  AbsoluteSizeSpan(DensityUtil. dip2px(this,  18)),  0,  2, Spannable.
SPAN_EXCLUSIVE_EXCLUSIVE);
wordtoSpan. setSpan(new  AbsoluteSizeSpan(DensityUtil. dip2px(this,  24)),  2,  5, Spannable.
SPAN_EXCLUSIVE_EXCLUSIVE);
wordtoSpan. setSpan(new  AbsoluteSizeSpan(DensityUtil. dip2px(this,  10)),  5,  tv_size. length(),
Spannable.SPAN_EXCLUSIVE_EXCLUSIVE);
tv_size.setText(wordtoSpan);

//TextView 其实也是有点击事件的，毕竟它的父类是 View
tv_onclick.setOnClickListener(new View.OnClickListener() {
        @Override
        public void onClick(View v) {
                MLog.e("这里是点击事件");
                Toast. makeText(TextViewActivity. this, " 这 里 是 点 击 事 件 ", Toast.
LENGTH_SHORT).show();
```

```
        }
});
tv_onclick.setOnLongClickListener(new View.OnLongClickListener() {
        @Override
        public boolean onLongClick(View v) {
                MLog.e("这里长按事件");
                Toast. makeText(TextViewActivity. this, " 这 里 长 按 事 件 ", Toast.
LENGTH_SHORT).show();
                //true 表示事件已销毁
                return true;
        }
});
```

（4）带阴影的TextView

涉及的几个属性：

•android：shadowColor：设置阴影颜色，需要与shadowRadius一起使用。

•android：shadowRadius：设置阴影的模糊程度，设为0.1就变成字体颜色了，建议使用3.0。

•android：shadowDx：设置阴影在水平方向的偏移，就是水平方向阴影开始的横坐标位置。

•android：shadowDy：设置阴影在竖直方向的偏移，就是竖直方向阴影开始的纵坐标位置。

其实现效果，如图2-67所示。

图2-67 带阴影的TextView

实现代码：

```
<TextView
        android:layout_width="wrap_content"
        android:layout_height="wrap_content"
        android:layout_centerInParent="true"
        android:shadowColor="#F9F900"
        android:shadowDx="10.0"
        android:shadowDy="10.0"
        android:shadowRadius="3.0"
        android:text="带阴影的 TextView"
        android:textColor="#4A4AFF"
        android:textSize="30sp" />
```

(5)带边框的TextView

如果想为TextView设置一个边框背景,普通矩形边框或者圆角边框,实现原理很简单,自行编写一个ShapeDrawable的资源文件,然后TextView将blackgroung设置为这个drawable资源即可。

ShapeDrawable资源文件的几个节点以及属性：

<solid android:color = "xxx"> 这个是设置背景颜色的。
<stroke android:width = "xdp" android:color="xxx"> 这个是设置边框的粗细以及边框颜色的。
<padding android：bottom = "xdp"...> 这个是设置边距的。
<corners android:topLeftRadius="10px"...> 这个是设置圆角的。
<gradient> 这个是设置渐变色的,可选属性有: startColor(起始颜色);endColor(结束颜色);centerColor(中间颜色);angle(方向角度),等于 0 度时,从左到右,然后逆时针方向转,等于 90 度时,从下往上;type 为设置渐变的类型。

实现效果,如图2-68所示。

实现代码：

①编写矩形边框的 Drawable：

```
<?xml version="1.0" encoding="utf-8"?>
<shape xmlns:android="http://schemas.android.com/apk/res/android" >

    <!-- 设置一个黑色边框 -->
    <stroke android:width="2px" android:color="#000000"/>
    <!-- 渐变 -->
    <gradient
```

```
            android:angle="270"
            android:endColor="#C0C0C0"
            android:startColor="#FCD209" />
    <!-- 设置一下边距，让空间大一点 -->
    <padding
            android:left="5dp"
            android:top="5dp"
            android:right="5dp"
            android:bottom="5dp"/>
</shape>
```

TextViewDemo

矩形边框的TextView

圆角边框的TextView

◁　　　○　　　□

图2-68　带边框的 TextView

②编写圆角矩形边框的Drawable：

```
<?xml version="1.0" encoding="utf-8"?>
<shape xmlns:android="http://schemas.android.com/apk/res/android">

    <!-- 设置透明背景色 -->
    <solid android:color="#87CEEB" />

    <!-- 设置一个黑色边框 -->
    <stroke
            android:width="2px"
            android:color="#000000" />
    <!-- 设置四个圆角的半径 -->
```

```
    <corners
        android:bottomLeftRadius="10px"
        android:bottomRightRadius="10px"
        android:topLeftRadius="10px"
        android:topRightRadius="10px" />
    <!-- 设置一下边距，让空间大一点 -->
    <padding
        android:bottom="5dp"
        android:left="5dp"
        android:right="5dp"
        android:top="5dp" />
</shape>
```

③将 TextView 的 blackground 属性设置成上面这两个 Drawable：

```
<LinearLayout xmlns:android="http://schemas.android.com/apk/res/android"
    xmlns:tools="http://schemas.android.com/tools"
    android:layout_width="match_parent"
    android:layout_height="match_parent"
    android:background="#FFFFFF"
    android:gravity="center"
    android:orientation="vertical"
    tools:context=".MainActivity">

    <TextView
        android:id="@+id/txtOne"
        android:layout_width="200dp"
        android:layout_height="64dp"
        android:textSize="18sp"
        android:gravity="center"
        android:background="@drawable/txt_rectborder"
        android:text="矩形边框的 TextView" />

    <TextView
        android:id="@+id/txtTwo"
        android:layout_width="200dp"
        android:layout_height="64dp"
        android:layout_marginTop="10dp"
        android:textSize="18sp"
```

```
        android:gravity="center"
        android:background="@drawable/txt_radiuborder"
        android:text="圆角边框的 TextView" />
</LinearLayout>
```

(6)带图片(drawableXxx)的 TextView

在实际开发中,可能会遇到如图 2-69 所示的需求。

图 2-69　带阴影的 TextView

要实现这种效果,可以使用 drawableXxx,直接设置 4 个 TextView 就可以。设置图片的核心其实就是:drawableXxx;可以设置 4 个方向的图片:drawableTop(上)、drawableButtom(下)、drawableLeft(左)和 drawableRight(右)。另外,也可以使用 drawablePadding 来设置图片与文字间的间距。

带图片的 TextView 实现效果,如图 2-70 所示。

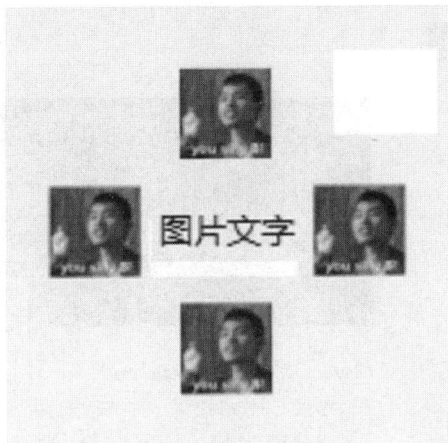

图 2-70　带图片的 TextView

实现代码:

```
<RelativeLayout xmlns:android="http://schemas.android.com/apk/res/android"
    xmlns:tools="http://schemas.android.com/tools"
    android:layout_width="match_parent"
    android:layout_height="match_parent"
    tools:context="com.jay.example.test.MainActivity" >
```

```
<TextView
    android:layout_width="wrap_content"
    android:layout_height="wrap_content"
    android:layout_centerInParent="true"
    android:drawableTop="@drawable/show1"
    android:drawableLeft="@drawable/show1"
    android:drawableRight="@drawable/show1"
    android:drawableBottom="@drawable/show1"
    android:drawablePadding="10dp"
    android:text="图片文字" />
</RelativeLayout>
```

（7）使用autoLink属性识别链接类型

当文字中出现了URL、E-Mail、电话号码和地图的时候，可以通过设置autoLink属性；当单击文字中对应部分的文字，即可跳转至某默认App，比如一串号码，单击后跳转至拨号界面。实现效果，如图2-71所示。

autoLink的实现方式如图2-72所示。

图2-71　实现效果

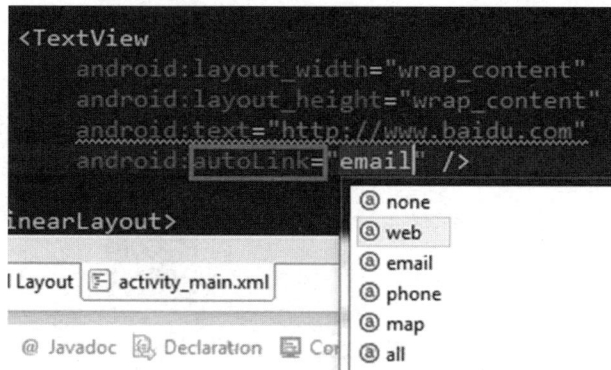

图2-72　autoLink实现方式

all 就是全部都包含，自动识别协议头。在 Java 代码中可以调用 setAutoLinkMask (Linkify.ALL)；这个时候可以不写协议头，autolink会自动识别，但是还要为这个TextView设置 setMovementMethod(LinkMovementMethod.getInstance())，不然单击是没效果的。

（8）TextView玩转HTML

除了显示普通文本外，TextView还预定义了一些类似于HTML的标签，通过这些标签，可以使TextView显示不同的字体颜色、大小、字体，甚至是显示图片，或者链接等。只要使用HTML中的一些标签，加上android.text.HTML类的支持，即可完成上述功能。

当然并不是所有的标签都被支持，常用标签包括：

•<font>:设置颜色和字体。

•<big>:设置字体大号。

•<small>:设置字体小号。

•<i><b>:斜体粗体。

•<a>:链接网址。

•<img>:图片。

如果直接 setText 没作用,就需调用 Html.fromHtml()方法将字符串转换为 CharSequence接口,然后再进行设置。如果需要相应设置,就需要为TextView进行设置,调用下述方法:setMovementMethod(LinkMovementMethod.getInstance())。

1)文本与超链接标签

```
import android.os.Bundle;
import android.support.v7.app.AppCompatActivity;
import android.text.Html;
import android.text.method.LinkMovementMethod;
import android.text.util.Linkify;
import android.widget.TextView;

public class MainActivity extends AppCompatActivity {

    @Override
    protected void onCreate(Bundle savedInstanceState) {
        super.onCreate(savedInstanceState);
        setContentView(R.layout.activity_main);
        TextView t1 = (TextView)findViewById(R.id.txtOne);
        String s1 = "<font color='blue'><b>百度一下,你就知道~:</b></font><br>";
        s1 += "<a href = 'http://www.baidu.com'>百度</a>";
        t1.setText(Html.fromHtml(s1));
        t1.setMovementMethod(LinkMovementMethod.getInstance());
    }
}
```

2)src标签,插入图片

```
public class MainActivity extends AppCompatActivity {
    @Override
    protected void onCreate(Bundle savedInstanceState) {
        super.onCreate(savedInstanceState);
        setContentView(R.layout.activity_main);
        TextView t1 = (TextView) findViewById(R.id.txtOne);
```

```
String s1 = "图片 :<img src = 'icon'/><br>";
t1.setText(Html.fromHtml(s1, new Html.ImageGetter() {
    @Override
    public Drawable getDrawable(String source) {
        Drawable draw = null;
        try {
            Field field = R.drawable.class.getField(source);
            int resourceId = Integer.parseInt(field.get(null).toString());
            draw = getResources().getDrawable(resourceId);
            draw.setBounds(0, 0, draw.getIntrinsicWidth(), draw.getIntrinsicHeight());
        } catch (Exception e) {
            e.printStackTrace();
        }
        return draw;
    }
}, null));
}
}
```

(9)SpannableString&SpannableStringBuilder定制文本

除上面的 HTML 可以定制 TextView 的样式外,还可以使用 SpannableString 和 SpannableStringBuilder来完成。两者的区别:前者针对的是不可变文本,而后者则是针对可变文本。

SpannableString可供使用的API包括:

- BackgroundColorSpan 背景色
- ClickableSpan 文本可点击,有点击事件
- ForegroundColorSpan 文本颜色(前景色)
- MaskFilterSpan 修饰效果,如模糊(BlurMaskFilter)、浮雕(EmbossMaskFilter)
- MetricAffectingSpan 父类,一般不用
- RasterizerSpan 光栅效果
- StrikethroughSpan 删除线(中画线)
- SuggestionSpan 相当于占位符
- UnderlineSpan 下画线
- AbsoluteSizeSpan 绝对大小(文本字体)
- DynamicDrawableSpan 设置图片,基于文本基线或底部对齐
- ImageSpan 图片
- RelativeSizeSpan 相对大小(文本字体)

- ReplacementSpan 父类，一般不用
- ScaleXSpan 基于 x 轴缩放
- StyleSpan 字体样式：粗体、斜体等
- SubscriptSpan 下标（数学公式会用到）
- SuperscriptSpan 上标（数学公式会用到）
- TextAppearanceSpan 文本外貌（包括字体、大小、样式和颜色）
- TypefaceSpan 文本字体
- URLSpan 文本超链接

实现效果，如图 2-73 所示。

图2-73 SpannableString组件

实现代码：

```
public class MainActivity extends AppCompatActivity {

    @Override
    protected void onCreate(Bundle savedInstanceState) {
        super.onCreate(savedInstanceState);
        setContentView(R.layout.activity_main);
        TextView t1 = (TextView) findViewById(R.id.txtOne);
```

```
TextView t2 = (TextView) findViewById(R.id.txtTwo);
SpannableString span = new SpannableString("红色打电话斜体删除线绿色下画
线图片:.");
```

//1. 设置背景色, setSpan 时需要指定的 flag, Spanned. SPAN_EXCLUSIVE_EXCLUSIVE(前后都不包括)

```
span.setSpan(new ForegroundColorSpan(Color.RED), 0, 2, Spanned.SPAN_EXCLUSIVE_
EXCLUSIVE);
```

//2. 用超链接标记文本

```
span. setSpan(new URLSpan("tel: 4155551212"), 2, 5, Spanned. SPAN_EXCLUSIVE_
EXCLUSIVE);
```

//3. 用样式标记文本(斜体)

```
span.setSpan(new StyleSpan(Typeface.BOLD_ITALIC), 5, 7, Spanned.SPAN_
EXCLUSIVE_EXCLUSIVE);
```

//4. 用删除线标记文本

```
span.setSpan(new StrikethroughSpan(), 7, 10, Spanned.SPAN_EXCLUSIVE_
EXCLUSIVE);
```

//5. 用下画线标记文本

```
span.setSpan(new UnderlineSpan(), 10, 16, Spanned.SPAN_EXCLUSIVE_
EXCLUSIVE);
```

//6. 用颜色标记

```
span.setSpan(new ForegroundColorSpan(Color.GREEN), 10, 13,Spanned.SPAN_
EXCLUSIVE_EXCLUSIVE);
```

//7. 获取 Drawable 资源

```
Drawable d = getResources().getDrawable(R.drawable.icon);
d.setBounds(0, 0, d.getIntrinsicWidth(), d.getIntrinsicHeight());
```

//8. 创建 ImageSpan,然后用 ImageSpan 来替换文本

```
ImageSpan imgspan = new ImageSpan(d, ImageSpan.ALIGN_BASELINE);
span.setSpan(imgspan, 18, 19, Spannable.SPAN_INCLUSIVE_EXCLUSIVE);
t1.setText(span);
    }
}
```

(10)实现跑马灯效果的TextView

所谓跑马灯,就是类似于在 Web 页面中看到的,一行字一直循环滚动的效果。
实现代码:

```
<TextView
        android:id="@+id/txtOne"
```

```
android:layout_width="match_parent"
android:layout_height="wrap_content"
android:textSize="18sp"
android:singleLine="true"
android:ellipsize="marquee"
android:marqueeRepeatLimit="marquee_forever"
android:focusable="true"
android:focusableInTouchMode="true"
android:text="HelloWorld,Hello Java,Hello Android！"/>
```

（11）设置 TextView 内间距

就像平时编写文档的时候需要排版，设置下行或者字之间的间距。Android 中的TextView 也可以进行这样的设置。

①字间距：

```
android:textScaleX：控制字体水平方向的缩放，默认值 1.0f,值是 float
Java 中 setScaleX(2.0f);
```

②行间距：

```
android:lineSpacingExtra：设置行间距，如"3dp" android:lineSpacingMultiplier：设置行间距
的倍数，如"1.2"
Java 代码中可以通过 setLineSpacing 方法来设置。
```

（12）自动换行

自动换行通过 android:singleLine 设置，默认为 false。
①如需要自动换行，可以用：

```
android:singleLine = "false"
```

②如果要在一行中显示完整，不换行，可以用：

```
android:singleLine = "true"
```

2.2.4　RadioButton 的使用方法

（1）简介

RadioButton 是单选按钮，允许用户在一个组中选择一个选项。同一组中的单选按钮有互斥效果。

RadioButton 的特点：

• RadioButton 是圆形单选框。

• RadioGroup 是一个可以容纳多个 RadioButton 的容器。

• 在 RadioGroup 中的 RadioButton 控件可以有多个，但同时有且仅有一个可以被选中。

（2）基本使用

可以把 RadioButton 放入 RadioGroup 组件中，形成互斥效果。

```
<RadioGroup
        android:id="ID"
        android:layout_width="wrap_content"
        android:layout_height="wrap_content"
        android:orientation="对齐方式(水平或者垂直)">
        <RadioButton
            android:id="ID1"
            android:layout_width="宽度"
            android:layout_height="高度"
            android:text="文本 1"
            android:checked="true"/>
        <RadioButton
            android:id="ID2"
            android:layout_width="宽度"
            android:layout_height="高度"
            android:text="文本 2"/>
        ......
    </RadioGroup>
```

（3）常用属性

①android:button="@null" 这样设置可以不显示通常所见的 RadioButton 中的圆形选中按钮。

②android:background="@drawable/radiobutton_background" 这里设置了背景选择器，相关资源文件都放在 res/drawable/ 目录下。

```
<selector xmlns:android="http://schemas.android.com/apk/res/android">
    <item android:drawable="@drawable/radiobutton_background_unchecked"
        android:state_checked="false" />
    <item android:drawable="@drawable/radiobutton_background_checked"
        android:state_checked="true" />
</selector>
```

③android：textColor="@color/radio_textcolor"设置字体颜色选择器，需要在res目录下新建一个名称为color的文件夹，将字体颜色选择器radio_textcolor.xml文件存放在res/color/目录下面。

```xml
<selector xmlns:android="http://schemas.android.com/apk/res/android">
    <item android:color="@color/color2"
        android:state_checked="false" />
    <item android:color="@color/color1"
        android:state_checked="true" />
</selector>
```

（4）单选组添加事件

```java
获取的按钮组 .setOnCheckedChangeListener(new RadioGroup.OnCheckedChangeListener(){
        @Override
        public void onCheckedChanged(RadioGroup group, int checkedId) {
            RadioButton radioButton = (RadioButton) group.findViewById(checkedId);
            Toast.makeText(MainActivity.this,radioButton.getText(),Toast.LENGTH_SHORT).
show();
        }
});
```

（5）示例

①布局文件：

```xml
<?xml version="1.0" encoding="utf-8"?>
<RelativeLayout
    xmlns:android="http://schemas.android.com/apk/res/android"
    android:layout_width="match_parent"
    android:layout_height="match_parent"
    android:padding="15dp">

    <RadioGroup
        android:id="@+id/group01"
        android:layout_width="wrap_content"
        android:layout_height="wrap_content"
        android:orientation="vertical">
        <RadioButton
```

```
            android:id="@+id/radio01"
            android:layout_width="wrap_content"
            android:layout_height="wrap_content"
            android:text="男"
            android:textSize="18sp"
            android:checked="true"
            android:textColor="#f47920"/>
        <RadioButton
            android:id="@+id/radio02"
            android:layout_width="wrap_content"
            android:layout_height="wrap_content"
            android:text="女"
            android:textSize="18sp"
            android:textColor="#f47920"/>
    </RadioGroup>

    <RadioGroup
        android:layout_marginTop="15dp"
        android:layout_below="@+id/group01"
        android:id="@+id/group02"
        android:layout_width="wrap_content"
        android:layout_height="wrap_content"
        android:orientation="horizontal">

        <RadioButton
            android:id="@+id/radio03"
            android:layout_width="60dp"
            android:layout_height="30dp"
            android:background="@drawable/bg"
            android:checked="true"
            android:gravity="center"
            android:text="男"
            android:textColor="#000"
            android:textSize="18sp"
            android:button="@null"/>
        <RadioButton
            android:id="@+id/radio04"
            android:layout_width="60dp"
            android:layout_height="30dp"
            android:text="女"
```

```
                android:textSize="18sp"
                android:textColor="#000"
                android:background="@drawable/bg"
                android:gravity="center"
                android:button="@null"
                android:layout_marginLeft="15dp"/>
        </RadioGroup>
</RelativeLayout>
```

②drawable 文件：

```xml
<?xml version="1.0" encoding="utf-8"?>
<selector xmlns:android="http://schemas.android.com/apk/res/android">
    <item android:state_checked="true">
        <shape>
            <solid android:color="#1d953f"/>
            <corners android:radius="15dp"/>
        </shape>
    </item>
    <item android:state_pressed="false">
        <shape>
            <solid android:color="#ffffff"/>
            <corners android:radius="15dp"/>
        </shape>
    </item>
</selector>
```

③activity 文件：

```java
import android.app.Activity;
import android.os.Bundle;
import android.widget.RadioButton;
import android.widget.RadioGroup;
import android.widget.Toast;

public class MainActivity extends Activity {

    private RadioGroup rg01;
    @Override
    protected void onCreate(Bundle savedInstanceState) {
        super.onCreate(savedInstanceState);
```

```
        setContentView(R.layout.activity_main);
        rg01 = (RadioGroup) findViewById(R.id.group01);
        rg01.setOnCheckedChangeListener(new RadioGroup.OnCheckedChangeListener(){
            @Override
            public void onCheckedChanged(RadioGroup group, int checkedId) {
                RadioButton radioButton = (RadioButton) group.findViewById(checkedId);
                Toast.makeText(MainActivity.this,radioButton.getText(),Toast.LENGTH_
SHORT).show();
            }
        });
    }
}
```

④运行效果，如图2-74所示。

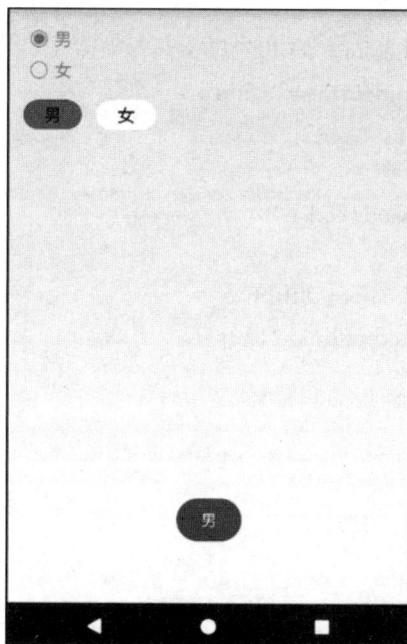

图2-74　RadioButton组件运行效果

2.2.5　ImageButton 的使用方法

（1）ImageButton简介

ImageButton是一个AbsoluteLayout布局，它能够指定其子视图的确切位置。显示的图像（而不是文本），可由用户按下或点击一个按钮。

(2)ImageButton 属性

①继承自类 android.widget.ImageView 的属性见表 2-10。

表2-10 android.widget.ImageView的属性

属性	描述
android:adjustViewBounds	如果想调整 ImageView 的边界,以保持其绘制的高宽比,可以将其设置为 true
android:baseline	此视图中基线的偏移
android:baselineAlignBottom	如果为 true,则图像视图会根据其底部边缘进行基线对齐
android:cropToPadding	如果为 true,图像将被裁剪以适合其填充
android:src	将设置一个可绘制的 ImageView 内容

②从 android.view.View 类继承的属性见表 2-11。

表2-11 android.view.View的属性

属性	描述
android:background	用来做背景的绘图
android:contentDescription	定义文本简要描述视图内容
android:id	对此视图提供一个标识符名称
android:onClick	在本视图的上下文视图被点击时调用的方法的名称
android:visibility	控制视图的初始可见性

(3)使用方式

Button 按钮上显示文字,ImageButton 上则显示图片,为它指定 android:text 属性无效。可以指定 android:src 属性,可以使用静止图片或 Drawable 对象。

```
<LinearLayout xmlns:android="http://schemas.android.com/apk/res/android"
    android:layout_width="match_parent"
    android:layout_height="match_parent"
    android:orientation="vertical" >


    <!-- 普通图片按钮 -->
    <ImageButton
        android:layout_width="wrap_content"
        android:layout_height="wrap_content"
        android:src="@drawable/red"
    />
```

```
        <!-- 按下时显示不同图片的按钮 -->
    <ImageButton
        android:layout_width="wrap_content"
        android:layout_height="wrap_content"
        android:src="@drawable/button_selector" />
</LinearLayout>
```

（4）示例

①MainActivity.java：

```
import android.os.Bundle;
import android.app.Activity;
import android.view.Menu;
import android.view.View;
import android.view.View.OnClickListener;
import android.widget.ImageButton;
import android.widget.Toast;

public class MainActivity extends Activity {

        ImageButton imgButton;

        @Override
        protected void onCreate(Bundle savedInstanceState) {
          super.onCreate(savedInstanceState);
          setContentView(R.layout.activity_main);

          addListenerOnButton();
        }

        private void addListenerOnButton() {

          imgButton = (ImageButton) findViewById
          (R.id.imageButton1);

          imgButton.setOnClickListener(new OnClickListener() {
            @Override
            public void onClick(View view) {
```

```
        Toast.makeText(MainActivity.this,"ImageButton
        Clicked : yiibai.com",
        Toast.LENGTH_SHORT).show();
      }
    });
    }


    @Override
    public boolean onCreateOptionsMenu(Menu menu) {
    /* Inflate the menu; this adds items to the action bar
    if it is present */
    getMenuInflater().inflate(R.menu.main, menu);
    return true;
    }
  }
}
```

②res/layout/activity_main.xml：

```
<RelativeLayout xmlns:android="http://schemas.android.com/apk/res/android"
    xmlns:tools="http://schemas.android.com/tools"
    android:layout_width="match_parent"
    android:layout_height="match_parent"
    android:paddingBottom="@dimen/activity_vertical_margin"
    android:paddingLeft="@dimen/activity_horizontal_margin"
    android:paddingRight="@dimen/activity_horizontal_margin"
    android:paddingTop="@dimen/activity_vertical_margin"
    tools:context=".MainActivity" >


    <TextView
        android:id="@+id/textView1"
        android:layout_width="wrap_content"
        android:layout_height="wrap_content"
        android:text="@string/example_imagebutton" />


    <ImageButton
        android:id="@+id/imageButton1"
        android:layout_width="wrap_content"
        android:layout_height="wrap_content"
        android:layout_alignRight="@+id/textView1"
```

```
            android:layout_below="@+id/textView1"
            android:layout_marginRight="35dp"
            android:layout_marginTop="32dp"
            android:contentDescription=
            "@string/android_launcher_image"
            android:src="@drawable/ic_launcher" />
</RelativeLayout>
```

③res/ues/strings.xml：

```
<?xml version="1.0" encoding="utf-8"?>
<resources>

    <string name="app_name">GUIDemo5</string>
    <string name="action_settings">Settings</string>
    <string name="example_imagebutton">Example showing ImageButton</string>
    <string name="android_launcher_image"></string>

</resources>
```

④AndroidManifest.xml：

```
<?xml version="1.0" encoding="utf-8"?>
<manifest xmlns:android="http://schemas.android.com/apk/res/android"
    package="com.yiibai.guidemo5"
    android:versionCode="1"
    android:versionName="1.0" >

    <uses-sdk
        android:minSdkVersion="8"
        android:targetSdkVersion="17" />

    <application
        android:allowBackup="true"
        android:icon="@drawable/ic_launcher"
        android:label="@string/app_name"
        android:theme="@style/AppTheme" >
        <activity
            android:name="com.yiibai.guidemo5.MainActivity"
```

```
                android:label="@string/app_name" >
                <intent-filter>
                    <action android:name="android.intent.action.MAIN" />


                    <category android:name="android.intent.category.LAUNCHER" />
                </intent-filter>
            </activity>
        </application>
</manifest>
```

2.2.6 SeekBar 的使用方法

SeekBar 是 Progress 的子类，Progress 主要用来显示进度，但是不能和用户互动，而 SeekBar 则可供用户进行拖动，改变进度值。

SeekBar 类是滑动条，用于进度控制。特有属性如下：

• Max：设置进度条的最大值。对应方法：setMax(int max)；max=100，代表它的取值范围是 0~100，共 101 个值。

• progress：设置默认的进度值。对应方法：setProgress(int progress)。

• secondaryProgresss：设置默认缓冲值。对应方法：setSecondaryProgress(int secondary Progresss)。

• thumb：滑块属性。对应的是一个 drawable 资源。

• progressDrawable，表示 SeekBar 的背景图片。

• SeekBar 类包含一个 setOnSeekBarChangeListener 的方法。当用户使用 SeekBar 的时候会触动该方法，一般用于设置监听事件。

一般情况下，Seekbar 的所有配置是写在 style 里的，而不是 xml 里。

```
<SeekBar
                android:id="@+id/sb"
                android:layout_width="match_parent"
                android:layout_height="wrap_content"
                android:layout_gravity="center_vertical"
                android:max="100"
                style="@style/Widget.SeekBar.Normal"/>
```

style 的代码：

```
<style name="Widget.SeekBar.Normal" parent="@android:style/Widget.SeekBar">
    <item name="android:thumbOffset">8dip</item>
    <item name="android:maxHeight">8dip</item>
    <item name="android:indeterminateOnly">false</item>
```

```
    <item name="android:indeterminateDrawable">@android:drawable/progress_indeterminate_
horizontal</item>
    <item name="android:progressDrawable">@drawable/po_seekbar</item>
    <item name="android:minHeight">8dip</item>
    <item name="android:thumb">@mipmap/cricle</item>
</style>
```

progressdrawable 的代码：

```xml
<?xml version="1.0" encoding="utf-8"?>
<layer-list xmlns:android="http://schemas.android.com/apk/res/android">
  <item android:id="@android:id/background">
    <shape>
      <solid android:color="#E6E6E6" />
      <stroke
        android:width="1dp"
        android:color="#cccccc" />
      <corners android:radius="5dp" />
    </shape>
  </item>
  <item android:id="@android:id/secondaryProgress">
    <clip>
      <shape>
        <corners android:radius="5dp" />
        <solid android:color="#E6E6E6" />
      </shape>
    </clip>
  </item>
  <item android:id="@android:id/progress">
    <clip>
      <shape>
        <corners android:radius="5dp" />
        <solid android:color="#7DBF60" />
      </shape>
    </clip>
  </item>
</layer-list>
```

通过 setOnSeekBarChangeListener(OnSeekBarChangeListener)的回调方法实现 SeekBar

的拖动事件：

- •onProgressChanged：进度发生改变时触发。
- •onStartTrackingTouch：按住SeekBar时触发。
- •onStopTrackingTouch：放开SeekBar时触发。

```java
public class MainActivity extends AppCompatActivity {

    private SeekBar sb_normal;
    private TextView txt_cur;
    private Context mContext;

    @Override
    protected void onCreate(Bundle savedInstanceState) {
        super.onCreate(savedInstanceState);
        setContentView(R.layout.activity_main);
        mContext = MainActivity.this;
        bindViews();
    }

    private void bindViews() {
        sb_normal = (SeekBar) findViewById(R.id.sb_normal);
        txt_cur = (TextView) findViewById(R.id.txt_cur);
        sb_normal.setOnSeekBarChangeListener(new SeekBar.OnSeekBarChangeListener() {
            @Override
            public void onProgressChanged(SeekBar seekBar, int progress, boolean fromUser) {
                txt_cur.setText("当前进度值:" + progress + " / 100 ");

            }

            @Override
            public void onStartTrackingTouch(SeekBar seekBar) {
                Toast.makeText(mContext, "触碰 SeekBar", Toast.LENGTH_SHORT).
show();

            }

            @Override
            public void onStopTrackingTouch(SeekBar seekBar) {
                Toast.makeText(mContext, "放开 SeekBar", Toast.LENGTH_SHORT).
```

```
show();
        }
    });
}
}
```

2.2.7　Button 的使用方法

（1）Button 简述

在 Android 中，Button 是程序和用户进行交互的一个重要控件，其中 Button 组件是文本按钮（继承自 TextView），而 ImageButton 是图像按钮（继承自 ImageView）。两者之间的区别在于：

•Button 既可显示文本也可显示图形（通过设置背景图），而 ImageButton 只能显示图形不能显示文本。

•Button 可在文本周围区域显示小图，而 ImageButton 无法在某个区域显示小图。

•ImageButton 上的图像可按比例进行拉伸，而 Button 上的大图会拉伸变形（因为背景图无法按比例拉伸）。

•Button 的适应面更广，所以实际开发中基本使用 Button。

（2）在界面显示

在 xml 文件中加入 Button。

```xml
<?xml version="1.0" encoding="utf-8"?>
    <android. support. constraint. ConstraintLayout  xmlns: android= "http://schemas. android.
com/apk/res/android"
    xmlns:app="http://schemas.android.com/apk/res-auto"
    xmlns:tools="http://schemas.android.com/tools"
    android:layout_width="match_parent"
    android:layout_height="match_parent"
    tools:context=".ButtonActivity">

    <Button
        android:id="@+id/button"
        android:layout_width="match_parent"
        android:layout_height="wrap_content"
        android:text="Hello World!"
    />
</android.support.constraint.ConstraintLayout>
```

运行效果如图2-75所示。

图2-75　Button组件运行效果

（3）添加事件响应

①匿名内部类：在ButtonActivity中为Button添加监听器。

```java
import android.support.v7.app.AppCompatActivity;
import android.os.Bundle;
import android.view.View;
import android.widget.Button;
import android.widget.Toast;
public class ButtonActivity extends AppCompatActivity {
    @Override
    protected void onCreate(Bundle savedInstanceState) {
        super.onCreate(savedInstanceState);
        setContentView(R.layout.activity_button);
        Button button = findViewById(R.id.button);
        button.setOnClickListener(new View.OnClickListener() {
            @Override
            public void onClick(View v) {
                // 在这里实现响应
```

```
                //在这里就进行 Toast
                Toast.makeText(ButtonActivity.this, "点击响应,通过匿名内部类实现",
                Toast.LENGTH_SHORT).show();
            }
        });
    }
}
```

②实现接口:使用实现接口的方法实现注册监听器的功能。

```
import android.support.v7.app.AppCompatActivity;
import android.os.Bundle;
import android.view.View;
import android.widget.Button;
import android.widget.Toast;
public class ButtonActivity extends AppCompatActivity implements View.OnClickListener {
    @Override
    protected void onCreate(Bundle savedInstanceState) {
            super.onCreate(savedInstanceState);
            setContentView(R.layout.activity_button);
            Button button = findViewById(R.id.button);
            button.setOnClickListener(this);
    }
    @Override
    public void onClick(View v) {
            switch (v.getId()) {
            case R.id.button:
                // 实现处理逻辑
            Toast.makeText(ButtonActivity.this, "点击响应,通过实现接口实现",
            Toast.LENGTH_SHORT).show();
                break;
            default:
                    break;
            }
    }
}
```

2.2.8　常用单位的概念及基本使用

当前 Android 的设备多种多样,它们有着不同的屏幕尺寸和像素密度。为了保证各种应用在各种机型上展示较好的交互界面,就需要在实现阶段根据对应的尺寸单位进行兼容性开发。为了按照屏幕类型对设备进行分类,Android 为每种设备定义了两个特征:屏幕尺寸和像素密度。

(1)屏幕尺寸

屏幕尺寸即系统为应用界面所提供的可见空间,应用的屏幕尺寸并非设备的实际屏幕尺寸,而是综合考虑屏幕方向、系统装饰(如导航栏)和窗口配置更改后的尺寸。

(2)像素密度

屏幕上像素的物理密度,即屏幕单位面积内的像素数,称为 dpi(dots per inch,每英寸的点数)。它与分辨率不同,后者是屏幕上的总像素数。

像素密度的计算方法,下面将通过具体数据举例说明。假设有一部手机,屏幕的物理尺寸为 1.5 英寸×2 英寸,屏幕分辨率为 240px×320px,则可以计算出在这部手机的屏幕上,每英寸包含的像素点的数量为 240/1.5=160 dpi(横向)或 320/2=160 dpi(纵向),160 dpi 就是这部手机的像素密度。横向和纵向的这个值都是相同的,原因是大部分手机屏幕使用正方形的像素点。

图 2-76 为屏幕尺寸相同但像素密度不同的两个设备上图像的直观展示效果。

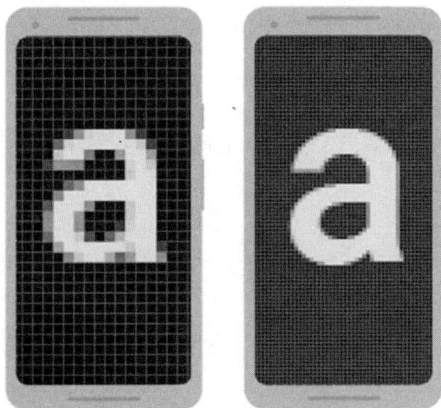

图2-76　屏幕尺寸相同但像素密度不同的两个设备上的图像对比

在 Android Studio 或者 Eclipse 进行编辑布局的时候,开发工具会提示使用 px、dp、sp、in、pt、mm 这六种单位。

①px:像素(pixels),1 px 代表屏幕上一个物理的像素点;同样 px 的图片,在不同手机上显示的实际大小可能不同。

②dp:独立像素(device independent pixels),这是最常用的尺寸单位,它与"像素密度"密切相关。dp 是一个虚拟像素单位,1 dp 约等于中密度屏幕(160 dpi;"基准"密度)上的 1 像素,dp 与 px 的换算关系:px = dp * (dpi / 160)。

dip与dp完全相同,只是名字不同而已,早期使用较多。

结合具体数据实例说明换算方法及直观表现,如下:Android系统定义了4种像素密度:低(120 dpi)、中(160 dpi)、高(240 dpi)和超高(320 dpi),它们对应的dp到px的系数分别为0.75、1、1.5和2,这个系数乘以dp长度就是像素数。例如界面上有一个长度为"80 dp"的图片,那么它在240 dpi的手机上实际显示为80×1.5=120 px,在320 dpi的手机上实际显示为80×2=160 px。如果拿这两部手机放在一起对比,会发现这个图片的物理尺寸"差不多",实现了"密度独立性"。

测试关注点:

• 在实际项目中,非文字的一般会使用dp作为尺寸度量单位,如指定两个视图的间距,H5页面中某布局的宽度(eg.layout_width="60dp")。

• 通过adb shell dumpsys window displays命令可查看屏幕分辨率、dp值、虚拟键高度等。

• 在定义距离、大小等时,为实现"密度独立性",需关注度量单位应为dp,并可实现动态的px转换。

• 换算成物理距离后,1 dp约为0.19 mm。

③sp:与缩放无关的抽象像素(Scale-independent Pixel),sp和dp很类似,唯一的区别是,Android系统允许用户自定义文字尺寸大小(小、正常、大、超大等),当文字尺寸是"正常"时,1 sp=1 dp=0.00625英寸;而当文字尺寸是"大"或"超大"时,1sp>1dp=0.00625英寸。类似在Windows里调整字体尺寸以后的效果——窗口大小不变,只有文字大小改变。当指定文本大小时,则会使用可缩放像素(sp)作为单位。

④in:英寸(inch),屏幕的物理尺寸,1 inch = 2.54 cm。

⑤pt:点(point),也是屏幕的物理尺寸,1 pt = 1/72 inch。

⑥mm:毫米(millimeter)。

后面3种都是物理尺寸,在Android开发中不常用。

任务实施

步骤1:新建应用。

创建新的Module,名称为"CarRadio"。关于创建Module的具体细节,请参见2.1.6节所述内容。

步骤2:导入图片到项目中。

将界面设计所需的图片复制到项目目录下的"res"-"drawable"目录中,如图2-77所示。

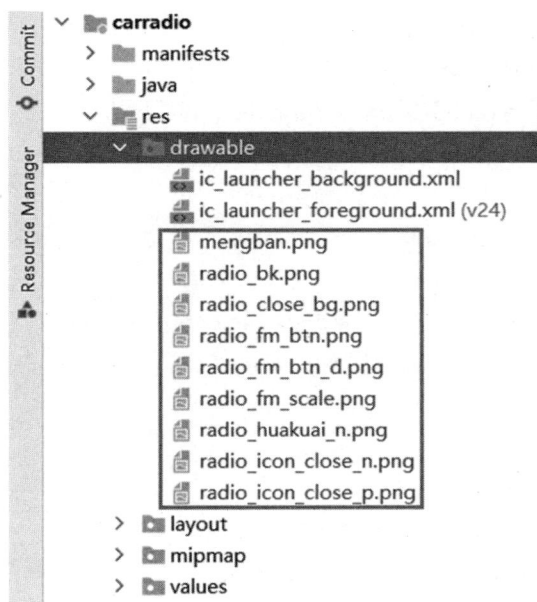

图2-77　通过代码动态加载背景图片

步骤3：配置activity_main.xml文件。

```xml
<?xml version="1.0" encoding="utf-8"?>
<LinearLayout xmlns:android="http://schemas.android.com/apk/res/android"
    xmlns:tools="http://schemas.android.com/tools"
    android:id="@+id/rootView"
    android:layout_width="match_parent"
    android:layout_height="match_parent"
    android:background="@drawable/radio_bk"
    android:orientation="vertical"
    tools:context=".MainActivity">

    <RelativeLayout
        android:layout_width="match_parent"
        android:layout_height="wrap_content"
        android:padding="10dp">

        <RadioButton
            android:id="@+id/bt_fmam"
            android:layout_width="wrap_content"
            android:layout_height="wrap_content"
            android:layout_alignParentLeft="true"
            android:background="@null"
```

```
                    android:button="@null"
                    android:checked="false"
                    android:drawableRight="@drawable/radio_fm"
                    android:onClick="onFMClick" />
            <!--
                    android:background="@null" //设置透明背景,消除 RadioButton 的圆形
外观
                    android:drawableRight="@drawable/radio_fm" //添加 Selector
                    android:onClick="onFMAMChanged" //添加点击事件
            -->
            <ImageButton
                    android:id="@+id/bt_close"
                    android:layout_width="wrap_content"
                    android:layout_height="wrap_content"
                    android:layout_alignParentRight="true"
                    android:layout_centerVertical="false"
                    android:background="@drawable/radio_close_bg"
                    android:onClick="onCloseClick"
                    android:src="@drawable/radio_icon_close" />
        </RelativeLayout>

        <RelativeLayout
                android:layout_width="match_parent"
                android:layout_height="wrap_content">

            <TextView
                    android:id="@+id/tv_fre"
                    android:layout_width="wrap_content"
                    android:layout_height="wrap_content"
                    android:layout_centerHorizontal="true"
                    android:text="87.5MHz"
                    android:textColor="#FFFFFF"
                    android:textSize="50sp" />
        </RelativeLayout>

        <LinearLayout
                android:layout_width="match_parent"
                android:layout_height="wrap_content"
                android:orientation="vertical">
```

```xml
<FrameLayout
    android:layout_width="match_parent"
    android:layout_height="match_parent"
    android:layout_marginTop="20dp"
    android:layout_marginBottom="10dp">

    <SeekBar
        android:id="@+id/sb_fre"
        android:layout_width="match_parent"
        android:layout_height="match_parent"
        android:layout_marginLeft="160dp"
        android:layout_marginRight="160dp"
        android:background="@drawable/radio_fm_scale"
        android:max="108000"
        android:min="86000"
        android:progressBackgroundTint="#0f0"
        android:progressTint="#f00"
        android:thumb="@drawable/radio_huakuai_n"
        android:thumbOffset="−10dp" />

    <!--
        android:progressBackgroundTint="#00000000" 横轴水平线颜色：未完
成进度
        android:progressTint="#00000000" 横轴水平线颜色：已完成进度
        android:thumbOffset="−10dp" 滑块的起始位置
        android:max="20500" 进度条上显示的最大刻度
        android:min="0" 进度条上显示的最小刻度
    -->
</FrameLayout>

<RelativeLayout
    android:layout_width="match_parent"
    android:layout_height="wrap_content">
    <GridLayout
        android:id="@+id/gl_presets"
        android:layout_width="wrap_content"
        android:layout_height="wrap_content"
        android:layout_centerInParent="true"
        android:layout_centerHorizontal="true"
```

```
        android:columnCount="5"
        android:padding="20dp"
        android:rowCount="2">

    <RadioButton
        android:id="@+id/rb_1"
        android:layout_width="wrap_content"
        android:layout_height="wrap_content"
        android:layout_margin="10dp"
        android:background="@drawable/radio_close_bg"
        android:button="@null"
        android:checked="false"
        android:gravity="center"
        android:onClick="rdosClick"
        android:text="87.5"
        android:textColor="@color/preset_color"
        android:textSize="30sp" />

    <RadioButton
        android:id="@+id/rb_2"
        android:layout_width="wrap_content"
        android:layout_height="wrap_content"
        android:layout_margin="10dp"
        android:background="@drawable/radio_close_bg"
        android:button="@null"
        android:checked="false"
        android:gravity="center"
        android:onClick="rdosClick"
        android:text="89.7"
        android:textColor="@color/preset_color"
        android:textSize="30sp" />

    <RadioButton
        android:id="@+id/rb_3"
        android:layout_width="wrap_content"
        android:layout_height="wrap_content"
        android:layout_margin="10dp"
        android:background="@drawable/radio_close_bg"
        android:button="@null"
```

```
        android:checked="false"

        android:gravity="center"

        android:onClick="rdosClick"

        android:text="90.2"

        android:textColor="@color/preset_color"

        android:textSize="30sp" />


    <RadioButton

        android:id="@+id/rb_4"

        android:layout_width="wrap_content"

        android:layout_height="wrap_content"

        android:layout_margin="10dp"

        android:background="@drawable/radio_close_bg"

        android:button="@null"

        android:checked="false"

        android:gravity="center"

        android:onClick="rdosClick"

        android:text="92.3"

        android:textColor="@color/preset_color"

        android:textSize="30sp" />


    <RadioButton

        android:id="@+id/rb_5"

        android:layout_width="wrap_content"

        android:layout_height="wrap_content"

        android:layout_margin="10dp"

        android:background="@drawable/radio_close_bg"

        android:button="@null"

        android:checked="false"

        android:gravity="center"

        android:onClick="rdosClick"

        android:text="94.7"

        android:textColor="@color/preset_color"

        android:textSize="30sp" />


    <RadioButton

        android:id="@+id/rb_6"

        android:layout_width="wrap_content"

        android:layout_height="wrap_content"
```

```
                android:layout_margin="10dp"
                android:background="@drawable/radio_close_bg"
                android:button="@null"
                android:checked="false"
                android:gravity="center"
                android:onClick="rdosClick"
                android:text="95.6"
                android:textColor="@color/preset_color"
                android:textSize="30sp" />

            <RadioButton
                android:id="@+id/rb_7"
                android:layout_width="wrap_content"
                android:layout_height="wrap_content"
                android:layout_margin="10dp"
                android:background="@drawable/radio_close_bg"
                android:button="@null"
                android:checked="false"
                android:gravity="center"
                android:onClick="rdosClick"
                android:text="96.8"
                android:textColor="@color/preset_color"
                android:textSize="30sp" />

            <RadioButton
                android:id="@+id/rb_8"
                android:layout_width="wrap_content"
                android:layout_height="wrap_content"
                android:layout_margin="10dp"
                android:background="@drawable/radio_close_bg"
                android:button="@null"
                android:checked="false"
                android:gravity="center"
                android:onClick="rdosClick"
                android:text="98.5"
                android:textColor="@color/preset_color"
                android:textSize="30sp" />

            <RadioButton
```

```
                android:id="@+id/rb_9"
                android:layout_width="wrap_content"
                android:layout_height="wrap_content"
                android:layout_margin="10dp"
                android:background="@drawable/radio_close_bg"
                android:button="@null"
                android:checked="false"
                android:gravity="center"
                android:onClick="rdosClick"
                android:text="99.6"
                android:textColor="@color/preset_color"
                android:textSize="30sp" />
            <RadioButton
                android:id="@+id/rb_10"
                android:layout_width="wrap_content"
                android:layout_height="wrap_content"
                android:layout_margin="10dp"
                android:background="@drawable/radio_close_bg"
                android:button="@null"
                android:checked="false"
                android:gravity="center"
                android:onClick="rdosClick"
                android:text="102.3"
                android:textColor="@color/preset_color"
                android:textSize="30sp" />
        </GridLayout>
    </RelativeLayout>
  </LinearLayout>
</LinearLayout>
```

步骤4：添加Selector。

Selector可以为RadioButton设置多个图片，实现当RadioButton按钮在选择及未选择状态下，表现出不同外观。可以使用帮助键快速完成：在红色文字处，使用快捷键"Alt + Enter"，快速创建Selector，如图2-78所示。

```
<RadioButton
    android:id="@+id/bt_fmam"
    android:layout_width="wrap_content"
    android:layout_height="wrap_content"
    android:layout_alignParentLeft="true"
    android:background="@null"
    android:button="@null"
    android:checked="false"
    android:drawableRight="@drawable/radio_fm"
    android:onClick="onFMClick" />
<!--
    android:background="@null" //设置透明
    android:drawableRight="@drawable/rad
```

	Create drawable resource file 'radio_fm.xml'	▶
💡	Create drawable value resource 'radio_fm'	▶
	Override Resource in Other Configuration...	▶
	Rearrange tag attributes	▶
	Remove attribute	▶

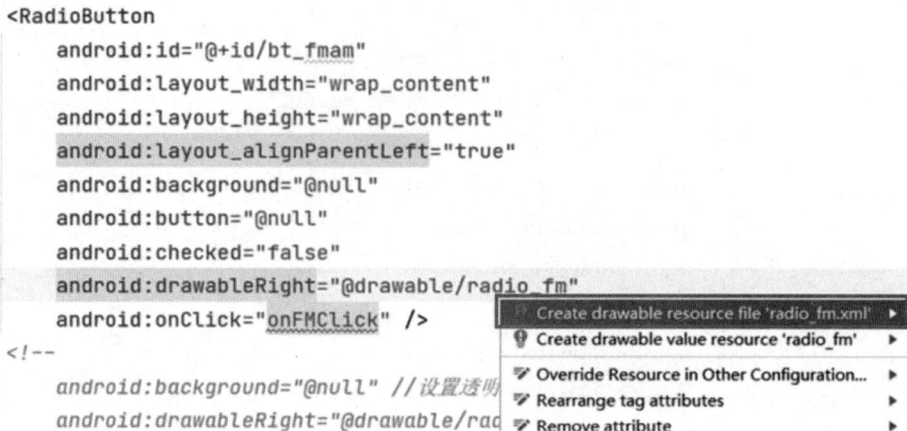

图2-78　快速创建Selector

单击"OK"按钮完成创建,如图2-79所示,会在项目目录下的"res"-"drawable"目录中,生成radio_fm.xml文件,如图2-80所示。

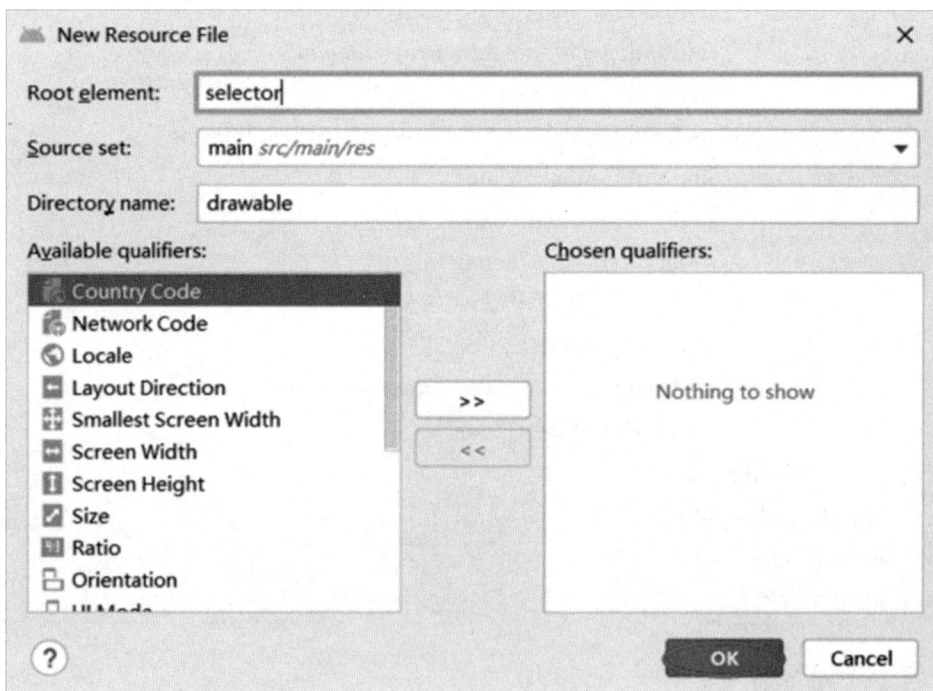

图2-79　单击"OK"按钮

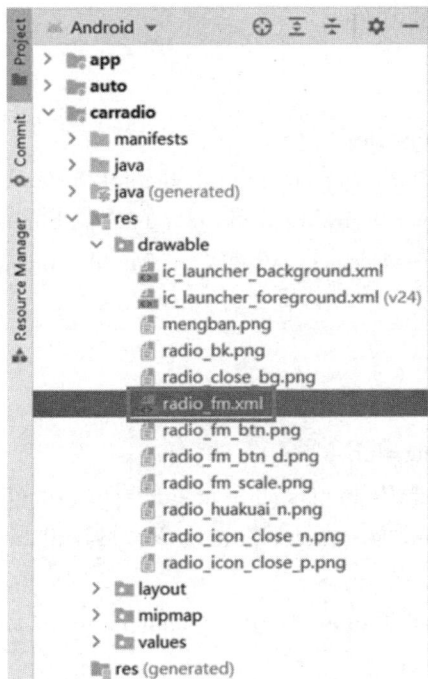

图2-80　生成radio_fm.xml文件

用同样方法再次生成 radio_icon_close.xml 和 preset_color.xml，如图 2-81 和图 2-82 所示。

```
<ImageButton
    android:id="@+id/bt_close"
    android:layout_width="wrap_content"
    android:layout_height="wrap_content"
    android:layout_alignParentRight="true"
    android:layout_centerVertical="false"
    android:background="@drawable/radio_close_bg"
    android:onClick="onCloseClick"
    android:src="@drawable/radio_icon_close" />
```

图2-81　生成radio_icon_close.xml文件

```
<RadioButton
    android:id="@+id/rb_2"
    android:layout_width="wrap_content"
    android:layout_height="wrap_content"
    android:layout_margin="10dp"
    android:background="@drawable/radio_close_bg"
    android:button="@null"
    android:checked="false"
    android:gravity="center"
    android:onClick="rdosClick"
    android:text="89.7"
    android:textColor="@color/preset_color"
    android:textSize="30sp" />
```

图2-82　生成preset_color.xml文件

步骤5：编辑Selector配置文件。

①radio_fm.xml：

```xml
<?xml version="1.0" encoding="utf-8"?>
<selector xmlns:android="http://schemas.android.com/apk/res/android">
    <item android:drawable="@drawable/radio_fm_btn" android:state_checked="true" />
    <item android:drawable="@drawable/radio_fm_btn_d" android:state_checked="false" />
</selector>
```

②radio_icon_close.xml：

```xml
<?xml version="1.0" encoding="utf-8"?>
<selector xmlns:android="http://schemas.android.com/apk/res/android">
    <item android:drawable="@drawable/radio_icon_close_n" android:state_pressed="false"
/>
    <item android:drawable="@drawable/radio_icon_close_p" android:state_pressed="true"
/>
</selector>
```

③preset_color.xml：

```xml
<?xml version="1.0" encoding="utf-8"?>
<selector xmlns:android="http://schemas.android.com/apk/res/android">
    <item android:color="#1466ac" android:state_checked="true" />
    <item android:color="#999999" android:state_checked="false" />
</selector>
```

步骤6：添加点击事件。

在红色文字处，使用快捷键"Alt + Enter"生成点击事件的处理函数，如图2-83所示。

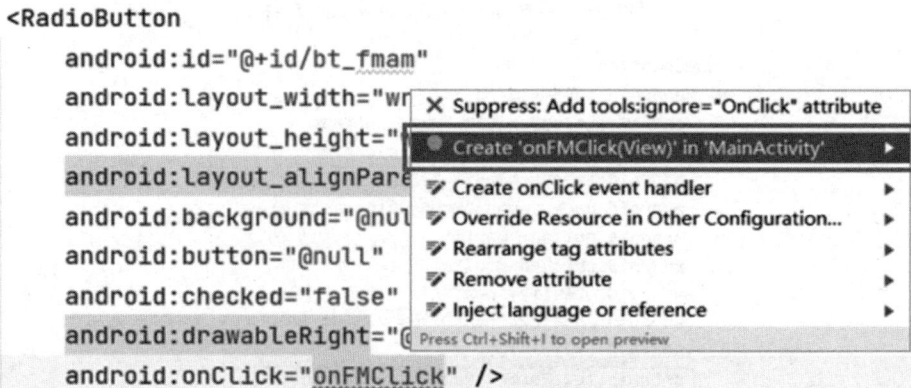

图2-83　快速生成事件处理方法

处理函数会在MainActivity.java文件中添加，如图2-84所示。

```java
public class MainActivity extends AppCompatActivity {

    @Override
    protected void onCreate(Bundle savedInstanceState) {
        super.onCreate(savedInstanceState);
        setContentView(R.layout.activity_main);
    }

    public void onFMClick(View view) {
    }
}
```

图2-84　在MainActivity.java中生成事件处理方法

用同样方法，再次生成onCloseClick和rdosClick事件函数，如图2-85和图2-86所示。

```xml
<ImageButton
    android:id="@+id/bt_close"
    android:layout_width="wrap_content"
    android:layout_height="wrap_content"
    android:layout_alignParentRight="true"
    android:layout_centerVertical="false"
    android:background="@drawable/radio_close_bg"
    android:onClick="onCloseClick"
    android:src="@drawable/radio_icon_close" />
```

图2-85　生成onCloseClick事件函数

```xml
<RadioButton
    android:id="@+id/rb_1"
    android:layout_width="wrap_content"
    android:layout_height="wrap_content"
    android:layout_margin="10dp"
    android:background="@drawable/radio_close_bg"
    android:button="@null"
    android:checked="false"
    android:gravity="center"
    android:onClick="rdosClick"
    android:text="87.5"
    android:textColor="@color/preset_color"
    android:textSize="30sp" />
```

图2-86　生成rdosClick事件函数

步骤7：取消界面标题栏。

车载收音机一般不需要标题栏，如图2-87所示。

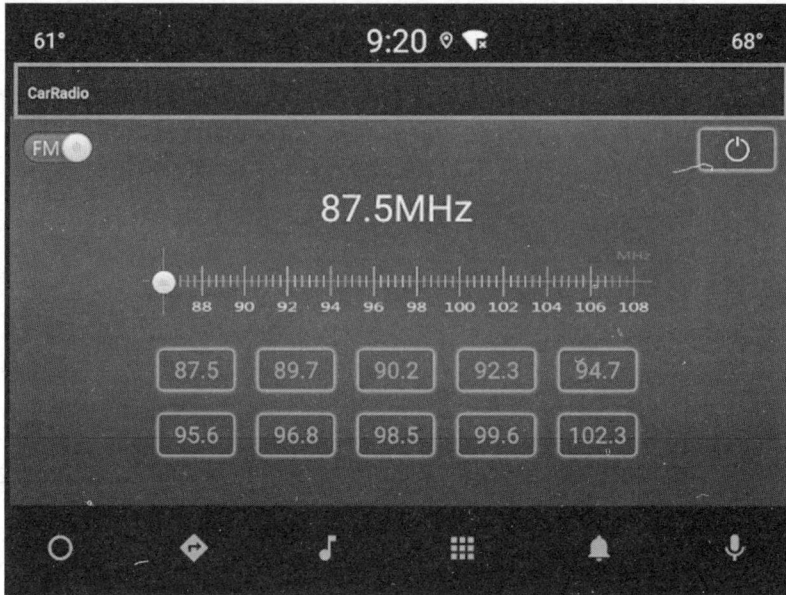

图2-87 车载收音机一般不需要标题栏

可以通过修改项目目录下"res"-"ues"-"themes"中的themes.xml及themes.xml(night)文件，隐藏标题栏。

```xml
<resources xmlns:tools="http://schemas.android.com/tools">
    <!-- Base application theme. -->
    <style name="Theme.CarRadio" parent="Theme.MaterialComponents.DayNight.
DarkActionBar">
        <!-- Primary brand color. -->
        <item name="colorPrimary">@color/purple_200</item>
        <item name="colorPrimaryVariant">@color/purple_700</item>
        <item name="colorOnPrimary">@color/black</item>
        <!-- Secondary brand color. -->
        <item name="colorSecondary">@color/teal_200</item>
        <item name="colorSecondaryVariant">@color/teal_200</item>
        <item name="colorOnSecondary">@color/black</item>
        <!-- Status bar color. -->
        <item name="android:statusBarColor" tools:targetApi="l">?attr/colorPrimaryVariant<
/item>
        <!-- Customize your theme here. -->
        <item name="android:windowNoTitle">true</item>
        <item name="windowNoTitle">true</item>
```

```
    </style>
</resources>
```

步骤8：启动模拟器查看运行效果。

单击运行项目按钮，启动模拟器，如图2-88所示。

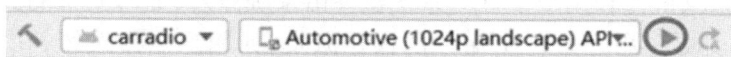

图2-88　启动模拟器

查看运行效果，如图2-89所示。

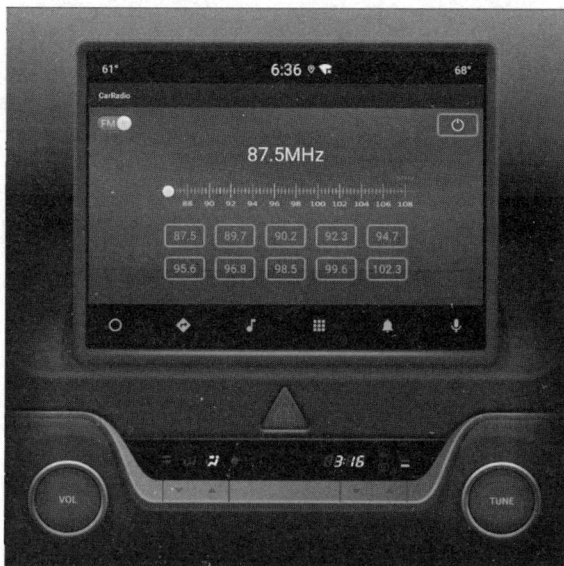

图2-89　查看运行效果

2.3　实现车载收音机界面组件状态控制

任务描述

通过本任务的学习，掌握事件处理方法，实现车载收音机电台界面组件状态的控制。

任务要求

①掌握点击按钮事件的处理方法。
②掌握SeekBar拖拽事件的处理方法。
③掌握长按按钮事件的处理方法。

相关知识

事件是可以被识别的操作,如按下"确定"按钮,选择某个单选按钮或者复选框,到达某个时间点。每一种控件都有自己可以识别的事件,如窗体的加载、单击、双击等事件,编辑框(文本框)的文本改变事件等。

事件分为系统事件和用户事件。系统事件由系统激发,如时间每隔24小时,银行储户的存款发生变更。用户事件由用户的操作激发,如用户点击按钮,在文本框中输入文本。

Android支持两种事件处理机制:基于监听的事件处理机制和基于回调的事件处理机制。

2.3.1 了解事件

在Android程序中,大部分都是图形界面,这些界面都是通过事件来实现人机交互的。Android中的事件主要有两种:

· 键盘事件:设备上的物理按键事件,例如,后退键的按下、菜单键的弹起等事件。

· 触摸事件:对程序界面上的一些控件所做的动作,例如,双击、滑动等操作。

针对Android中的事件,Android平台提供了两种事件处理机制:

· 基于监听接口的事件处理。

· 基于回调机制的事件处理。

2.3.2 基于监听的事件处理机制

基于监听接口的事件处理,最常见的做法就是为Android界面的组件绑定特殊的事件监听器,例如,绑定点击事件的监听器OnClickListener。

(1)概述

基于监听事件处理是一种更"面向对象"的事件处理,在事件监听的处理模型中主要涉及3个对象。

· EventSource(事件源):事件发生的场所,通常指各个组件。

· Event(事件):对整个事件信息的封装,例如对于触控的操作,事件对象中分装了触摸的坐标点。

· Event Listener(事件监听器):负责监听事件源所发生的事件,并对各种事件作出相应的响应。

(2)流程

①为某个事件源(界面组件)设置一个监听器,用于监听用户操作。

②当用户操作时,会触发事件源的监听器。

③生成对应的事件对象。

④将生成的事件对象作为参数传递给事件监听器。

⑤事件监听器对事件对象进行判断,执行对应的事件处理器。

（3）View类中的内部接口

1）OnClickListener接口

单击事件的事件监听器必须实现的接口。

public void onClick(View v)

·v表示事件发生的事件源。

2）OnLongClickListener接口

长按事件的事件监听器必须实现的接口。

public boolean onLongClick(View view)

·view:为事件源控件,当长时间按下该控件时,才会触发该方法。

·返回值:该方法的返回值是一个boolean类型的变量,当该变量为true时,表示已经完整地处理了长按事件,并不希望其他回调方法继续对其进行处理。

3）OnFocusChangeListener接口

焦点改变事件的事件监听器必须实现的接口。

public boolean onFocusChange(View v,boolean hasFocus)

·v:表示触发焦点发生改变事件的事件源。

·hasFocus:表示v是否获取焦点。

4）OnLongClickListener接口

按键事件的事件监听器必须实现的接口。

public boolean onKey(View v,int keyCode,KeyEvent keyEvent)

·v:表示事件源。

·keyCode:表示键盘的键盘码。

·keyEvent:表示键盘事件封装类的对象,其中包含了事件的详细信息。

5）OnTouchListener接口

触摸事件的事件监听器必须实现的接口。

public boolean onTouch(View v,MotionEvent motionEvent)

·v:表示事件源。

·motionEvent:表示事件封装类的对象,其中封装了触摸事件的详细信息,同样包括事件的类型、触发时间等信息。

2.3.3　基于回调的事件处理机制

在Android平台中,每个View都有自己处理事件的回调方法,开发人员可以通过重写View中的这些回调方法来实现需要的响应事件,当某个事件没有被任何一个View处理时,便会调用Activity中相应的回调方法。

当用户与UI控件发生某个事件(如按下事件、滑动事件、双击事件)时,程序会调用控件自己特定的方法处理该事件,这个处理过程就是基于回调机制的事件处理。基于回调机制的事件处理包含处理物理按键事件和处理触摸事件。

（1）键盘事件

1）onKeyDown（）方法

当Android设备上的物理按键被按下时，程序会回调onKeyDown（）方法，该方法是接口 KeyEvent.Callback中的抽象方法。Android程序中所有的View都实现了KeyEvent.Callback接口，并重写了onKeyDown（）方法，该方法主要用于捕捉手机键盘被按下的事件。

public boolean onKeyDown(int keyCode,KeyEvent event)

•keyCode：表示被按下的键值。

•event：表示按键事件的对象，其中包含了触发事件的详细信息，例如事件的状态、事件的类型、事件的发生时间等。

2）onKeyUp（）方法

当Android设备上的物理按键弹起时，程序会回调onKeyUp（）方法，该方法是接口 KeyEvent.Callback中的抽象方法。Android程序中所有的View都实现了KeyEvent.Callback接口，并重写了onKeyUp（）方法，该方法主要用于捕捉手机键盘弹起事件。

public boolean onKeyUp(int keyCode,KeyEvent event)

•onKeyUp（）方法的2个参数的含义与onKeyDown（）方法中对应参数的含义一样。

（2）触摸事件

1）onTouchEvent（）方法

该方法是在View中进行定义的，并且所有View的子类中全部重写了onTouchEvent（）方法，Android程序可以通过该方法处理屏幕的触摸事件。

public boolean onTouchEvent(MotionEvent event)

•返回值为true时，表示已经完整地处理了事件，并不希望其他的回调方法继续对其进行处理；当返回值为false时，表示并没有完全处理完事件，更希望其他回调方法继续对其进行处理。

一般情况下，onTouchEvent（）方法处理的事件分为3种。

①MotionEvent.ACTION_DOWN：鼠标按下时。

②MotionEvent.ACTION_UP：弹起事件。

③MotionEvent.ACTION_MOVE：滑动事件。

2）onFocusChanged（）方法

onFocusChanged（）方法只能在View中重写。onFocusChanged（）方法是焦点改变的回调方法，当某个控件重写了该方法后，焦点发生变化时，会自动调用该方法来处理焦点改变的事件。

protected void onFocusChanged(boolean gainFocus,int direction,Rect previouslyFocusedRect)

•gainFocus：表示触发该事件的View是否获得了焦点，是为true。

•direction：表示焦点移动的方向。

•previouslyFocusedRect：表示在触发事件的View的坐标系中，前一个获得焦点的矩形区域，如果该参数不可以，则设置为null。

任务实施

步骤 1：编辑 MainActivity.java 文件。

```java
package com.dr.carradio;

import androidx.appcompat.app.AppCompatActivity;

import android.os.Bundle;
import android.util.Log;
import android.view.Gravity;
import android.view.LayoutInflater;
import android.view.View;
import android.widget.GridLayout;
import android.widget.PopupWindow;
import android.widget.RadioButton;
import android.widget.SeekBar;
import android.widget.TextView;

public class MainActivity extends AppCompatActivity {
    private static final String TAG = "CAR_RADIO"; //通用 Tag 内容
    private boolean checked = false; // 选择状态
    private RadioButton rdo_fm_am;//FM_AM
    private View rootView;
    private SeekBar sb_fre; //调台
    private TextView tv_fre; // 当前选台
    private GridLayout gl_presets;// 预存电台

    @Override
    protected void onCreate(Bundle savedInstanceState) {
        super.onCreate(savedInstanceState);
        setContentView(R.layout.activity_main);

        rdo_fm_am = findViewById(R.id.bt_fmam); //从 xml 文件中，获取组件对象
        sb_fre = findViewById(R.id.sb_fre);//从 xml 文件中，获取 SeekBar
//        sb_fre.setMax(20500); //通过代码，设置 SeekBar 属性

        tv_fre = findViewById(R.id.tv_fre);//从 xml 文件中，取得 TextView 组件：显示当
前电台
```

```
        gl_presets = findViewById(R.id.gl_presets);//从 xml 文件中,取得 GridLayout 组件
        // tv_fre = findViewById(R.id.tv_fre);//从 xml 文件中,取得 TextView 组件:显示当
前电台

        rootView = findViewById(R.id.rootView);//从 xml 文件中,取得 LinearLayout 件:
根容器


        //SeekBar 拖拽事件
        sb_fre.setOnSeekBarChangeListener(new SeekBar.OnSeekBarChangeListener() {
            //进度变化
            @Override
            public void onProgressChanged(SeekBar seekBar, int progress, boolean fromUser) {
                Log.d(TAG, "进度变化: " + progress);
                String str = String.format("%.1f", (progress) / 1000.0f);
//               Log.d(TAG, str);
                tv_fre.setText(str + "MHz");
            }

            //开始拖拽
            @Override
            public void onStartTrackingTouch(SeekBar seekBar) {
                Log.d(TAG, "开始拖拽");
            }

            //结束拖拽
            @Override
            public void onStopTrackingTouch(SeekBar seekBar) {
                Log.d(TAG, "结束拖拽");
                //当拖拽停止的时候,获取进度并播放指定进度
                int fre = seekBar.getProgress() + 87500;
                //利用 RadioManager 播放指定频率
                Log.d(TAG, "" + fre);
            }
        });


        //遍历所有预存台按钮,设置长按监听方法
        for (int i = 0; i < gl_presets.getChildCount(); i++) {
            RadioButton rb = (RadioButton) gl_presets.getChildAt(i);
            //所有预存台按钮,长按时事件响应
```

```java
                rb.setOnLongClickListener(new View.OnLongClickListener() {
                    @Override
                    public boolean onLongClick(View view) {
                        RadioButton btn = gl_presets.findViewById(view.getId());
                        btn.setText(tv_fre.getText().subSequence(0, 4));//去掉字符串末尾
的 MHz

                        return false;
                    }
                });
        }


        //FM_AM 组件的点击响应：状态改变
        public void onFMClick(View view) {
            checked = !checked;
            rdo_fm_am.setChecked(checked);
        }


        //关闭收音机
        public void onCloseClick(View view) {
        }


        //预存电台按钮点击响应：
        public void rdosClick(View view) {
//            int id = view.getId();
//            Log.d(TAG, id + "");

            //GridLayout 中，所有的 RadioButton 的 checked 属性重置为 false
            for (int i = 0; i < gl_presets.getChildCount(); i++) {
                RadioButton rb = (RadioButton) gl_presets.getChildAt(i);
                rb.setChecked(false);
            }
            //被点击的按钮的 Checked 属性设置为 true
            RadioButton btn = gl_presets.findViewById(view.getId());
            btn.setChecked(true);
        }


        //程序退出的时候会调用 onDestroy
```

```
@Override
protected void onDestroy() {
    super.onDestroy();
}
}
```

步骤2：启动模拟器，查看运行效果。

运行效果如图2-90所示。

图2-90　运行效果

2.4　实现自定义确认对话框

任务描述

通过本任务的学习，掌握自定义的弹出确认对话框的制作方法。

任务要求

①掌握基于回调的事件处理。

②了解"打气筒"工具。

③了解获得屏幕相关的辅助类的使用。

④掌握蒙版的制作方法。

相关知识

2.4.1　PopupWindow 的使用方法

（1）概述

PopupWindow 顾名思义弹窗。PopupWindow 是与 AlertDialog 在形式上类似的弹窗功能，都是为了在 activity 最上层显示一个弹窗。但区别是 PopupWindow 可以自定义位置，并且可以添加自己需要的 View 或者导入自己写好的 xml 布局。

（2）创建流程

①用 LayoutInflater 获得 xml 布局 View，或者直接在代码上 new 一个 View。
②实例化一个 PopupWindow，将 View 在实例化作为参数传入。
③配置 PopupWindow 参数。

（3）PopupWindow 的基础方法

1）创建 popupWindow 实例

```
popupView = LayoutInflater.from(this).inflate(R.layout.popupwindow_view, null)
popupWindow = PopupWindow()
```

2）设置展示的视图

```
// 设置 PopupWindow 装载的视图
// 也可以在创建 popupWindow 的时候直接设置进去
popupWindow.contentView = popupView
```

3）设置宽度和高度

```
// 设置 PopupWindow 的宽高
// 1. 自定义 View 的时候，最外层的布局设置的宽高无效
// 2. 在外面必须手动设置宽度和高度，并且以外面设置的宽高为主
popupWindow.width = ViewGroup.LayoutParams.WRAP_CONTENT
popupWindow.height = ViewGroup.LayoutParams.WRAP_CONTENT
```

4）设置外部区域可以点击取消 popupWindow

```
// 设置外部区域可以点击取消 popupWindow
popupWindow.isOutsideTouchable = true
```

5)设置背景

```
// 设置 PopupWindow 的背景
popupWindow.setBackgroundDrawable(resources.getDrawable(R.mipmap.ic_launcher))
```

6)设置 popupWindow 是否可以聚焦

```
// 设置 PopupWindow 可以聚焦
// 如果不设置，在 PopupWindow 弹出的时候，点击返回键将直接退出 Activity
// 设置之后，在 PopupWindow 弹出的时候，点击返回键不会直接退出 Activity，而是
关闭当前弹出的 PopupWindow
popupWindow.isFocusable = true
```

7)设置弹窗弹出的动画高度

```
// 设置弹窗弹出的动画高度
popupWindow.elevation = 100f
```

8)设置 popupWindow 是否可以触摸

```
// 设置 PopupWindow 可以触摸
popupWindow.isTouchable = true
```

9)设置触摸监听

```
// 设置触摸监听
popupWindow.setTouchInterceptor {
    Toast.makeText(this,"触发事件",Toast.LENGTH_SHORT).show()
}
```

10)设置取消事件监听

```
// 设置 PopupWindow 监听取消事件
popupWindow.setOnDismissListener {
    Toast.makeText(this,"PopupWindow 被关闭",Toast.LENGTH_SHORT).show()
}
```

（4）PopupWindow 的展示

①方式一：

```
//      showAsDropDown(View anchor)
```

```
//      showAsDropDown(View anchor, int xoff, int yoff)
//      showAsDropDown(View anchor, int xoff, int yoff, int gravity)
//      anchor 代表的是目标 View，即参考的 View
//      xoff,yoff        目标 View 的坐标偏移量
//      int gravity    目标 View 的位置，默认为 Gravity.TOP | Gravity.START，即以左上角为
起始位置
popupWindow.showAsDropDown(view,0,0, Gravity.BOTTOM)
```

②方式二：

```
//      showAtLocation(View parent, int gravity, int x, int y)
//      View parent 代表的是要能获取到 window 唯一标示的（也就是只要能获取到
window 标示，view 是什么控件都可以）
//      int gravity 代表的是位置，即屏幕的上下左右，注意系统默认都是在屏幕中间
//      int x, int y 偏移量
popupWindow.showAtLocation(view, Gravity.TOP, 0, 0)
```

（5）PopupWindow 的实例

1）创建 PopupWindow 的管理类，即 PopupWindowManager 类

```java
public class PopupWindowManager {

    // 设置默认的宽高
    private int mPopupWindowWidth = ViewGroup.LayoutParams.MATCH_PARENT;
    private int mPopupWindowHeight = ViewGroup.LayoutParams.WRAP_CONTENT;

    private MyPopupWindow mPopupWindow;
    private static volatile PopupWindowManager mInstance;

    /**
     *构建 PopupWindowManager
     *
     * @return PopupWindowManager 实例对象
     */
    public static PopupWindowManager getInstance() {
        if (mInstance == null) {
            synchronized (PopupWindowManager.class) {
                if (mInstance == null) {
                    mInstance = new PopupWindowManager();
```

```
        }
      }
    }
    return mInstance;
}

/**
 * 设置私有的构造函数
 */
private PopupWindowManager() {
    mPopupWindow = new MyPopupWindow();
}

/**
 * 获取 PopupWindow 的实例
 *
 * @return PopupWindow
 */
private PopupWindow getMyPopupWindow() {
    return mPopupWindow;
}

/**
 * 初始化设置(默认宽高)
 *
 * @return PopupWindowManager 实例对象
 */
public PopupWindowManager init(View contentView) {
    return init(contentView, mPopupWindowWidth, mPopupWindowHeight);
}

/**
 * @param contentView 加载的 View
 * @param width    设置的宽度
 * @param height   设置的高度
 * @return PopupWindowManager 实例对象
 * 默认情况下:(1)popupWindow 点击外部区域可以关闭
 * (2)popupWindow 可以聚焦
 * // 设置 PopupWindow 可以聚焦
```

```
     * // 如果不设置,在 PopupWindow 弹出的时候,点击返回键将直接退出 Activity
     * // 设置之后,在 PopupWindow 弹出的时候,点击返回键不会直接退出 Activity,
而是关闭当前弹出的 PopupWindow
     * (3)popupWindow 弹出的动画高度为 0
     * (4)popupWindow 内容区域可以触摸
     */
    public PopupWindowManager init(View contentView, int width, int height) {
        this.mPopupWindowWidth = width;
        this.mPopupWindowHeight = height;
        mPopupWindow.setContentView(contentView);
        mPopupWindow.setOutsideTouchable(true);
        mPopupWindow.setFocusable(true);
        mPopupWindow.setElevation(0);
        mPopupWindow.setTouchable(true);
        setBackgroundDrawable();
        mPopupWindow.setWidth(mPopupWindowWidth);
        mPopupWindow.setHeight(mPopupWindowHeight);
        mPopupWindow.setAnimationStyle(R.style.popup_window_anim_style);
        return this;
    }
    /**
     * 设置 popupWindow 的背景
     *
     * @return PopupWindowManager 实例对象
     */
    private PopupWindowManager setBackgroundDrawable() {
        ColorDrawable dw = new ColorDrawable(Color.parseColor("#50000000"));
        mPopupWindow.setBackgroundDrawable(dw);
        return this;
    }


    /**
     * 设置 popupWindow 的背景
     *
     * @param color 设置的背景颜色
     * @return PopupWindowManager 实例对象
     */
    public PopupWindowManager setBackgroundDrawable(int color) {
        ColorDrawable dw = new ColorDrawable(color);
```

```
            mPopupWindow.setBackgroundDrawable(dw);
            return this;
    }
    /**
      * 设置 popupWindow 的动画效果
      * @param animationStyle 动画样式
      * @return PopupWindowManager 实例对象
      */
    public PopupWindowManager setAnimationStyle(int animationStyle){
            mPopupWindow.setAnimationStyle(animationStyle);
            return this;
    }


    /**
      * 设置 popupWindow 点击外部区域是否可以关闭
      *
      * @param isOutsideTouchable    true 代表可以关闭;false 代表不可以关闭
      * @return PopupWindowManager 实例对象
      */
    public PopupWindowManager setOutsideTouchable(boolean isOutsideTouchable) {
            mPopupWindow.setOutsideTouchable(isOutsideTouchable);
            return this;
}


    /**
      * popupWindow 是否可以聚焦
      *
      * @param isFocusable    true 代表可以聚焦;false 代表不可以聚焦
      * @return PopupWindowManager 实例对象
      */
    public PopupWindowManager setFocusable(boolean isFocusable) {
            mPopupWindow.setFocusable(isFocusable);
            return this;
    }


    /**
      * 设置 popupWindow 弹出的动画高度
      *
      * @param elevation 高度
```

```
    * @return PopupWindowManager 实例对象
    */
public PopupWindowManager setElevation(float elevation) {
        mPopupWindow.setElevation(elevation);
        return this;
}


/**
    * 设置 popupWindow 内容区域是否可以触摸
    *
    * @param touchable    true 代表可以触摸；false 代表不可以触摸
    * @return PopupWindowManager 实例对象
    */
public PopupWindowManager setTouchable(boolean touchable) {
        mPopupWindow.setTouchable(touchable);
        return this;
}


/**
    * 设置关闭 PopupWindow 的监听
    *
    * @param onDismissListener 设置的监听实例
    * @return PopupWindowManager 实例对象
    */
    public PopupWindowManager setOnDismissListener(PopupWindow.OnDismissListener
onDismissListener) {
        mPopupWindow.setOnDismissListener(onDismissListener);
        return this;
}


/**
    * 在 PopupWindow 弹出之后点击任意区域关闭
    *
    * @param listener 设置的监听实例
    * @return PopupWindowManager 实例对象
    */
public PopupWindowManager setTouchInterceptor(View.OnTouchListener listener) {
        mPopupWindow.setTouchInterceptor(listener);
        return this;
```

```
}

/**
 * 在指定视图的下方展示
 *
 * @param anchor 目标 View
 * 一般情况下展示的视图以目标 View 的左下方的位置作为锚点
 */
public void showAsDropDown(View anchor) {
    mPopupWindow.showAsDropDown(anchor);
}


/**
 * 在指定视图的下方展示
 *
 * @param anchor 目标 View
 * @param xoff  x 轴的偏移量
 * @param yoff  y 轴的偏移量
 */
public void showAsDropDown(View anchor, int xoff, int yoff) {
    mPopupWindow.showAsDropDown(anchor, xoff, yoff);
}


/**
 * 在指定视图的下方展示
 *
 * @param anchor 目标 View
 * @param xoff  x 轴的偏移量
 * @param yoff  y 轴的偏移量
 * @param gravity 相对于 View 的定位, 系统默认是 Gravity.TOP | Gravity.START;
 */
public void showAsDropDown(View anchor, int xoff, int yoff, int gravity) {
    mPopupWindow.showAsDropDown(anchor, xoff, yoff, gravity);
}

/**
 * 以绝对值(x,y)来进行显示
 *
 * @param parent View parent 代表的是能获取到 window 唯一标示的(也就是只要
```

能获取到 window 标示，view 是什么控件都可以）

　　* @param gravity int gravity 代表的是位置，即屏幕的上下左右，注意系统默认都
是在屏幕中间

　　* @param x　　　　x 轴的偏移量

　　* @param y　　　　y 轴的偏移量

　　*/

　　public void showAtLocation(View parent, int gravity, int x, int y) {

　　　　mPopupWindow.showAtLocation(parent, gravity, x, y);

　　}

　　/**

　　* 关闭 PopupWindow

　　*/

　　public void close() {

　　　　if (mPopupWindow != null && mPopupWindow.isShowing()) {

　　　　　　mPopupWindow.dismiss();

　　　　}

　　}

}

　　2）新建类来继承自 PopupWindow

```
public class MyPopupWindow extends PopupWindow {

    @Override
    public void showAsDropDown(View anchor) {
        handlerHeight(anchor);
        super.showAsDropDown(anchor);
    }

    @Override
    public void showAsDropDown(View anchor, int xoff, int yoff) {
        handlerHeight(anchor);
        super.showAsDropDown(anchor, xoff, yoff);
    }

    @Override
    public void showAsDropDown(View anchor, int xoff, int yoff, int gravity) {
        handlerHeight(anchor);
```

```java
        super.showAsDropDown(anchor, xoff, yoff, gravity);
    }

    /**
     * 解决高度无法自适应的问题
     */
    private void handlerHeight(View anchor) {
        if (Build.VERSION.SDK_INT >= 24) {
            Rect rect = new Rect();
            anchor.getGlobalVisibleRect(rect);
            int heightPixels = anchor.getResources().getDisplayMetrics().heightPixels;
            int h = heightPixels – rect.bottom + getStatusHeight(anchor.getContext());
            setHeight(h);
        }
    }

    /**
     * 获取状态栏的高度
     */
    private int getStatusHeight(Context context) {
        int statusHeight = –1;
        try {
            Class<?> clazz = Class.forName("com.android.internal.R$dimen");
            Object object = clazz.newInstance();
            int height = Integer. parseInt(clazz. getField("status_bar_height"). get(object).
toString());
            statusHeight = context.getResources().getDimensionPixelSize(height);
        } catch (Exception e) {
            e.printStackTrace();
        }
        return statusHeight;
    }
}
```

3）调试调用

```kotlin
val popView = LayoutInflater.from(this).inflate(R.layout.pop_view, null)
PopupWindowManager.getInstance().init(popView).setOnDismissListener {
PopupWindowManager.getInstance().close()
```

```
}.setTouchInterceptor { v, event ->
        PopupWindowManager.getInstance().close()
    false
}.showAsDropDown(view)
```

（6）注意事项

•必须手动给 PopupWindow 设置宽度和高度，否则 PopupWindow 不显示。

•在手机系统的 API 大于 24 全屏展示的时候会填充整个屏幕，而不是在目标 View 的下方正常显示。

•在有些手机上面，全屏展示的时候底部会留白，其实是因为 StatusBar 的高度没有计算进去，需要手动计算。

•当 setFocusable 设置为 true 的时候，点击屏幕事件会交由 onTouchListener 处理。

2.4.2　LayoutInflater 的使用方法

在实际开发中，LayoutInflater 这个类还是非常有用的，它的作用类似于 findViewById()。不同的是 LayoutInflater 是用来找"res/layout/"下的 XML 布局文件，并且实例化；而 findViewById() 是用来找 XML 布局文件下的具体 widget 控件（如 Button、TextView 等）。

具体作用：

①对于一个没有被载入或者想要动态载入的界面，都需要使用 LayoutInflater.inflate() 来载入。

②对于一个已经载入的界面，就可以使用 Activiyt.findViewById() 方法来获得其中的界面元素。

获得 LayoutInflater 实例的 3 种方式如下：

•LayoutInflater inflater = getLayoutInflater();//调用 Activity 的 getLayoutInflater()

•LayoutInflater inflater = LayoutInflater.from(context);

•LayoutInflater inflater = (LayoutInflater) context. getSystemService (Context. LAYOUT_INFLATER_SERVICE)；

其实，这 3 种方式本质是相同的，从源码中可以看出：

getLayoutInflater()：Activity 的 getLayoutInflater() 方法是调用 PhoneWindow 的 getLayoutInflater() 方法，该源代码如下：

```
public PhoneWindow(Context context)
{
    super(context);
    mLayoutInflater = LayoutInflater.from(context);
}
```

可以看出它其实是调用 LayoutInflater.from(context)。

LayoutInflater.from(context)：

```
public static LayoutInflater from(Context context)
{
     LayoutInflater  LayoutInflater  =  (LayoutInflater)context. getSystemService(Context.
LAYOUT_INFLATER_SERVICE);
    if (LayoutInflater == null)
    {
            throw new AssertionError("LayoutInflater not found.");
    }
    return LayoutInflater;
}
```

它其实是调用context.getSystemService()。所以这3种方式的最终本质都是调用Context.getSystemService()。系统相应的服务包括：

- WINDOW_SERVICE WindowManager：管理打开的窗口程序。
- LAYOUT_INFLATER_SERVICE LayoutInflater：取得XML里定义的View。
- ACTIVITY_SERVICE ActivityManager：管理应用程序的系统状态。
- POWER_SERVICE PowerManger：电源的服务。
- ALARM_SERVICE AlarmManager：闹钟的服务。
- NOTIFICATION_SERVICE NotificationManager：状态栏的服务。
- KEYGUARD_SERVICE KeyguardManager：键盘锁的服务。
- LOCATION_SERVICE LocationManager：位置的服务，如GPS。
- SEARCH_SERVICE SearchManager：搜索的服务。
- VEBRATOR_SERVICE Vebrator：手机震动的服务。
- CONNECTIVITY_SERVICE Connectivity：网络连接的服务。
- WIFI_SERVICE WifiManager：Wi-Fi服务。
- TELEPHONY_SERVICE TeleponyManager：电话服务。

2.4.3　实现遮罩效果的方法

Android的遮罩(蒙版)效果就是把一张图片盖在另一张图片的上面,通过控制任意一张图片的显示百分比实现遮罩效果。

制作蒙版的3种实现方式如下：
- 使用弹出Activity。
- 使用Dialog。
- 使用PopupWindow。

使用PopupWindow方式来实现蒙版效果的基本步骤如下：
①设置PopupWindow弹出窗口的大小与父容器相同。
②设置PopupWindow窗口的透明属性为透明或半透明。

③有时为了精确控制透明效果,可以在PopupWindow窗口上再覆盖一个Canvas。通过对Canvas的设置,可以更灵活地实现透明效果。

任务实施

步骤1:增加dialog_exit.xml文件。

在activity_main.xml文件所在的目录下,添加新的配置文件dialog_exit.xml,作为弹出对话框的界面布局文件。

```xml
<?xml version="1.0" encoding="utf-8"?>
<RelativeLayout xmlns:android="http://schemas.android.com/apk/res/android"
    android:layout_width="match_parent"
    android:layout_height="match_parent"
    android:orientation="horizontal">

    <LinearLayout
        android:layout_width="300dp"
        android:layout_height="200dp"
        android:layout_centerInParent="true"
        android:background="#999999"
        android:orientation="vertical">

        <FrameLayout
            android:layout_width="match_parent"
            android:layout_height="wrap_content">

            <TextView
                android:layout_width="match_parent"
                android:layout_height="80dp"
                android:layout_marginTop="40dp"
                android:text="确定要退出么？"
                android:textAlignment="center"
                android:textSize="30dp" />
        </FrameLayout>

        <RelativeLayout
            android:layout_width="match_parent"
            android:layout_height="wrap_content">
```

```
    <LinearLayout
        android:layout_width="wrap_content"
        android:layout_height="wrap_content"
        android:layout_centerHorizontal="true">

        <Button
            android:id="@+id/bt_ok"
            android:layout_width="wrap_content"
            android:layout_height="wrap_content"
            android:layout_marginLeft="5dp"
            android:layout_marginRight="5dp"
            android:text="确定"
            android:textSize="20sp" />

        <Button
            android:id="@+id/bt_cacle"
            android:layout_width="wrap_content"
            android:layout_height="wrap_content"
            android:layout_marginLeft="5dp"
            android:layout_marginRight="5dp"
            android:text="取消"
            android:textSize="20sp" />

    </LinearLayout>
  </RelativeLayout>
 </LinearLayout>
</RelativeLayout>
```

步骤2：增加 ScreenUtils.java 文件。

移动设备的屏幕尺寸种类有很多，这就需要在设计界面时，能够动态取得当前设备的实际宽和高。有很多成熟的方法可以直接借鉴使用，以下代码就是一个封装了获得屏幕相关方法的辅助类。

在 MainActivity.java 文件所在的目录下添加新的 Java 文件 ScreenUtils.java。

```
package com.dr.carradio;
import android.app.Activity;
import android.content.Context;
import android.graphics.Bitmap;
import android.graphics.Rect;
import android.util.DisplayMetrics;
```

```java
import android.view.View;
import android.view.WindowManager;

//获得屏幕相关的辅助类
public class ScreenUtils {
    private ScreenUtils() {
        throw new UnsupportedOperationException("cannot be instantiated");
    }

    /*
     * 获得屏幕宽度
     */
    public static int getScreenWidth(Context context) {
        WindowManager wm = (WindowManager) context
                .getSystemService(Context.WINDOW_SERVICE);
        DisplayMetrics outMetrics = new DisplayMetrics();
        wm.getDefaultDisplay().getMetrics(outMetrics);
        return outMetrics.widthPixels;
    }

    /*
     * 获得屏幕高度
     */
    public static int getScreenHeight(Context context) {
        WindowManager wm = (WindowManager) context
                .getSystemService(Context.WINDOW_SERVICE);
        DisplayMetrics outMetrics = new DisplayMetrics();
        wm.getDefaultDisplay().getMetrics(outMetrics);
        return outMetrics.heightPixels;
    }

    /*
     * 获得状态栏的高度
     */
    public static int getStatusHeight(Context context) {
        int statusHeight = -1;
        try {
            Class<?> clazz = Class.forName("com.android.internal.R$dimen.xml");
            Object object = clazz.newInstance();
```

```
            int height = Integer.parseInt(clazz.getField("status_bar_height")
                    .get(object).toString());
            statusHeight = context.getResources().getDimensionPixelSize(height);
        } catch (Exception e) {
            e.printStackTrace();
        }
        return statusHeight;
    }


    /*
     * 获取当前屏幕截图,包含状态栏
     */
    public static Bitmap snapShotWithStatusBar(Activity activity) {
        View view = activity.getWindow().getDecorView();
        view.setDrawingCacheEnabled(true);
        view.buildDrawingCache();
        Bitmap bmp = view.getDrawingCache();
        int width = getScreenWidth(activity);
        int height = getScreenHeight(activity);
        Bitmap bp = null;
        bp = Bitmap.createBitmap(bmp, 0, 0, width, height);
        view.destroyDrawingCache();
        return bp;
    }


    /*
     * 获取当前屏幕截图,不包含状态栏
     */
    public static Bitmap snapShotWithoutStatusBar(Activity activity) {
        View view = activity.getWindow().getDecorView();
        view.setDrawingCacheEnabled(true);
        view.buildDrawingCache();
        Bitmap bmp = view.getDrawingCache();
        Rect frame = new Rect();
        activity.getWindow().getDecorView().getWindowVisibleDisplayFrame(frame);
        int statusBarHeight = frame.top;

        int width = getScreenWidth(activity);
        int height = getScreenHeight(activity);
```

```
        Bitmap bp = null;
        bp = Bitmap.createBitmap(bmp, 0, statusBarHeight, width, height− statusBarHeight);
        view.destroyDrawingCache();
        return bp;
    }
}
```

步骤3：增加 ExitDialog.java 文件。

在 MainActivity.java 文件的目录下再添加一个 Java 文件 ExitDialog.java。

```
package com.dr.carradio;

import static android.content.Context.LAYOUT_INFLATER_SERVICE;

import android.content.Context;
import android.graphics.Bitmap;
import android.graphics.Canvas;
import android.graphics.drawable.BitmapDrawable;
import android.view.LayoutInflater;
import android.view.View;
import android.widget.Button;
import android.widget.PopupWindow;

public class ExitDialog extends PopupWindow {

    private final Button bt_ok;
    private final Button bt_cacle;
    private IOnAutoSerachListener m_OnAutoSerachListener;

    //定义接口和回调方法
    public interface IOnAutoSerachListener {
        void onOKClicked();
        void onCacleClicked();
    }

    //提供一个设置接口的方法
    public void setOnAutoSerachListener(IOnAutoSerachListener l) {
        m_OnAutoSerachListener = l;
    }
```

```
//构造方法
public ExitDialog(final Context context) {
    super(context);

    //获取打气筒工具
    LayoutInflater inflater = (LayoutInflater) context.getSystemService(LAYOUT_
    INFLATER_SERVICE);
    View asd = inflater.inflate(R.layout.dialog_exit, null);
    this.setContentView(asd);

    //设置为屏幕宽高
    this.setHeight(ScreenUtils.getScreenHeight(context));
    this.setWidth(ScreenUtils.getScreenWidth(context));

    //设置 AutoSearchDialog 的背景为黑色半透明
    //创建一张完全透明的纸的 bitmap
    Bitmap bitmap_bg = Bitmap.createBitmap(ScreenUtils.getScreenWidth(context),
            ScreenUtils.getScreenHeight(context),
            Bitmap.Config.ARGB_8888);
    //设置透明的属性
    bitmap_bg.setHasAlpha(true);

    //需要一张画布
    Canvas cvs = new Canvas();
    cvs.setBitmap(bitmap_bg);
    cvs.drawARGB(0x60, 0x00, 0x00, 0x00); //把 bitmap 画成黑色半透明
    BitmapDrawable bg = new BitmapDrawable(bitmap_bg);
    this.setBackgroundDrawable(bg);//重新设置背景

    bt_ok = asd.findViewById(R.id.bt_ok);
    bt_ok.setOnClickListener(new View.OnClickListener() {
        @Override
        public void onClick(View v) {
            //Ok 的点击事件回调接口
            if (m_OnAutoSerachListener != null) {
                m_OnAutoSerachListener.onOKClicked();
            }
        }
```

```
        });
        bt_cacle = asd.findViewById(R.id.bt_cacle);
        bt_cacle.setOnClickListener(new View.OnClickListener() {
            @Override
            public void onClick(View v) {
                //Cancel 的点击事件
                if (m_OnAutoSerachListener != null) {
                    m_OnAutoSerachListener.onCacleClicked();
                }
            }
        });
    }
}
```

步骤4：编辑MainActivity.java文件。

为关闭按钮添加事件处理：单击按钮关闭应用之前，调用自定义确认对话框，弹出确认提示。单击"确定"按钮退出应用，单击"取消"按钮取消对话框。

重写onDestroy方法，释放资源。

```
//关闭收音机
public void onCloseClick(View view) {
    Log.d(TAG, "结束程序,退出应用");
    //设置弹出组件
    final ExitDialog pw = new ExitDialog(MainActivity.this);

    pw.setOnAutoSerachListener(new ExitDialog.IOnAutoSerachListener() {
        @Override
        public void onOKClicked() {
            Log.d(TAG, "主画面获取到确定消息");
            //对话框消失
            pw.dismiss();
            MainActivity.this.finish();
        }

        @Override
        public void onCacleClicked() {
            Log.d(TAG, "主画面获取到取消消息");
            //对话框消失
            pw.dismiss();
```

```
        }
    });

    //弹出 PopUpWindow
    pw.showAtLocation(rootView, Gravity.CENTER, 0, 0);
}

//程序退出的时候回调用 onDestroy
@Override
protected void onDestroy() {
    super.onDestroy();
}
```

步骤5：启动模拟器，查看运行效果。

运行效果如图2-91所示。

图2-91　运行效果

2.5　项目小结

通过本项目的学习，实现布局、基本组件的运用，完成车载收音机界面的构建；掌握基于回调的事件处理，了解"打气筒"工具，了解获得屏幕相关的辅助类的使用，掌握蒙版的制作方法。掌握按钮点击事件、SeekBar拖拽事件以及按钮长按事件的处理方法。

2.6　拓展练习

为预告电台按钮增加点击事件:点击时,显示当前电台的 TextView 中的内容为按钮内容,同时 SeekBar 滑动块也移动到相应位置。(△)

项目3
智能网联车载应用设置面板界面设计实现 ·············◎

项目背景

  没有任何一款软件的功能能够同时适合所有人的要求,用户的个人习惯注定会影响用户对软件提出不同使用需求,如有喜欢大字体的,就有喜欢小字体的;有喜欢素雅柔和的护眼主题的,就有喜欢炫酷的黑暗主题的。提供一个美观大方、简洁易用的设置面板,让用户根据自己的喜好选择设置,是提高用户满意度的重要方法。

所支撑的职业技能

  通过本项目的学习,能够掌握应用程序设置面板主界面和子界面的设计,实现在主界面调用显示子界面的功能。

重点与难点

◇**重点**

- •掌握 RadioGroup 组件的使用方法。
- •了解 View 组件的使用方法。
- •了解 strings.xml 的概念及基本用法。
- •掌握子界面的创建方法。

◇**难点**

- •掌握 ScrollView 组件的使用方法。
- •掌握 EditText 组件的使用方法。
- •了解将 fragment 添加到 Activity 的两种方式。

3.1 实现设置面板主界面设计

任务描述

通过本任务的学习,实现通过ScrollView、RadioGroup组件完成设置面板界面的构建。

任务要求

①掌握ScrollView组件的使用方法。
②掌握RadioGroup组件的使用方法。
③了解View组件的使用方法。
④掌握EditText组件的使用方法。
⑤了解strings.xml的概念及基本用法。

相关知识

3.1.1 ScrollView的使用方法

ScrollView称为滚动视图,是指当一个屏幕的像素显示不了的时候,可以采用滑动的方式显示在UI上。

ScrollView继承自FrameLayout,它是一种特殊类型的FrameLayout,它可以使用户能够滚动显示一个占据的空间大于物理显示的视图列表。ScrollView只能包含一个子视图或视图组,在实际项目中,包含的通常是一个垂直的LinearLayout。

ScrollView不能和ListView一起使用,单独的ListView列表能自动垂直滚动,但当将ListView嵌套在ScrollView后,会和ScrollView的滚动滑块冲突,造成ListView滑块显示不完整。因此将ScrollView和ListView混合使用是没有意义的。

ScrollView还需要注意EditText自带的多行输入的滚动效果,也是不可以混合使用的,如果在ScrollView中包含了多行的EditText,那EditText中自带的滚动效果将失效。其中心思想就是ScrollView是一个滚动视图的容器,对于一些自带了滚动效果的控件,是无法和它一起混合使用的。

(1)垂直滚动

垂直滚动的ScrollView的运行效果如图3-1所示。

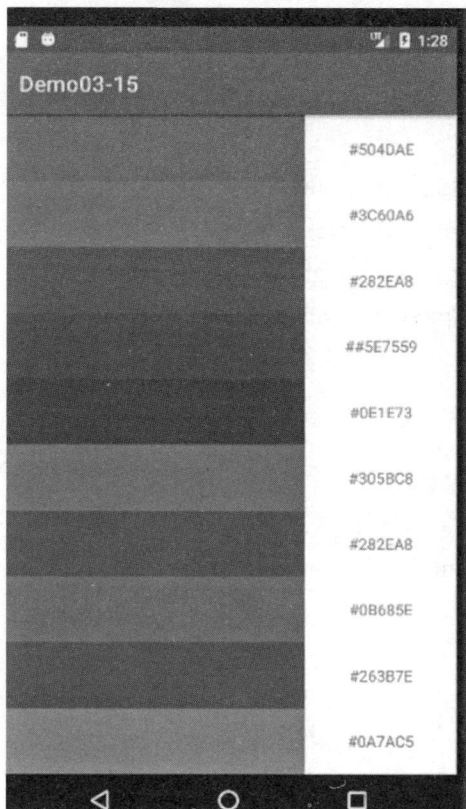

图3-1 垂直滚动的ScrollView的运行效果

代码如下：

```xml
<?xml version="1.0" encoding="utf-8"?>
<ScrollView xmlns:android="http://schemas.android.com/apk/res/android"
    android:layout_width="match_parent"
    android:layout_height="match_parent">

    <LinearLayout
        android:layout_width="match_parent"
        android:layout_height="wrap_content"
        android:orientation="vertical">

        <LinearLayout
            android:layout_width="match_parent"
            android:layout_height="wrap_content"
            android:orientation="horizontal">
            <View
                android:layout_width="0dp"
```

```xml
        android:layout_height="60dp"
        android:layout_weight="2"
        android:background="#07C2FB" />
    <TextView
        android:layout_width="0dp"
        android:layout_height="60dp"
        android:layout_weight="1"
        android:gravity="center"
        android:text="#07C2FB" />
</LinearLayout>

<LinearLayout
    android:layout_width="match_parent"
    android:layout_height="wrap_content"
    android:orientation="horizontal">
    <View
        android:layout_width="0dp"
        android:layout_height="60dp"
        android:layout_weight="2"
        android:background="#C60426FD" />
    <TextView
        android:layout_width="0dp"
        android:layout_height="60dp"
        android:layout_weight="1"
        android:gravity="center"
        android:text="#C60426FD" />
</LinearLayout>

<LinearLayout
    android:layout_width="match_parent"
    android:layout_height="wrap_content"
    android:orientation="horizontal">
    <View
        android:layout_width="0dp"
        android:layout_height="60dp"
        android:layout_weight="2"
        android:background="#032898" />
    <TextView
        android:layout_width="0dp"
```

```
            android:layout_height="60dp"
            android:layout_weight="1"
            android:gravity="center"
            android:text="#032898" />
    </LinearLayout>

    <LinearLayout
        android:layout_width="match_parent"
        android:layout_height="wrap_content"
        android:orientation="horizontal">
        <View
            android:layout_width="0dp"
            android:layout_height="60dp"
            android:layout_weight="2"
            android:background="#021173" />
        <TextView
            android:layout_width="0dp"
            android:layout_height="60dp"
            android:layout_weight="1"
            android:gravity="center"
            android:text="#021173" />
    </LinearLayout>
    <LinearLayout
        android:layout_width="match_parent"
        android:layout_height="wrap_content"
        android:orientation="horizontal">
        <View
            android:layout_width="0dp"
            android:layout_height="60dp"
            android:layout_weight="2"
            android:background="#504DAE" />
        <TextView
            android:layout_width="0dp"
            android:layout_height="60dp"
            android:layout_weight="1"
            android:gravity="center"
            android:text="#504DAE" />
    </LinearLayout>
    <LinearLayout
```

```
            android:layout_width="match_parent"
            android:layout_height="wrap_content"
            android:orientation="horizontal">
            <View
                android:layout_width="0dp"
                android:layout_height="60dp"
                android:layout_weight="2"
                android:background="#3C60A6" />
            <TextView
                android:layout_width="0dp"
                android:layout_height="60dp"
                android:layout_weight="1"
                android:gravity="center"
                android:text="#3C60A6" />
        </LinearLayout>
        <LinearLayout
            android:layout_width="match_parent"
            android:layout_height="wrap_content"
            android:orientation="horizontal">
            <View
                android:layout_width="0dp"
                android:layout_height="60dp"
                android:layout_weight="2"
                android:background="#282EA8" />
            <TextView
                android:layout_width="0dp"
                android:layout_height="60dp"
                android:layout_weight="1"
                android:gravity="center"
                android:text="#282EA8" />
        </LinearLayout>
        <LinearLayout
            android:layout_width="match_parent"
            android:layout_height="wrap_content"
            android:orientation="horizontal">
            <View
                android:layout_width="0dp"
                android:layout_height="60dp"
                android:layout_weight="2"
```

```xml
        android:background="#273523" />
    <TextView
        android:layout_width="0dp"
        android:layout_height="60dp"
        android:layout_weight="1"
        android:gravity="center"
        android:text="##5E7559" />
</LinearLayout>
<LinearLayout
    android:layout_width="match_parent"
    android:layout_height="wrap_content"
    android:orientation="horizontal">
    <View
        android:layout_width="0dp"
        android:layout_height="60dp"
        android:layout_weight="2"
        android:background="#0E1E73" />
    <TextView
        android:layout_width="0dp"
        android:layout_height="60dp"
        android:layout_weight="1"
        android:gravity="center"
        android:text="#0E1E73" />
</LinearLayout>
<LinearLayout
    android:layout_width="match_parent"
    android:layout_height="wrap_content"
    android:orientation="horizontal">
    <View
        android:layout_width="0dp"
        android:layout_height="60dp"
        android:layout_weight="2"
        android:background="#305BC8" />
    <TextView
        android:layout_width="0dp"
        android:layout_height="60dp"
        android:layout_weight="1"
        android:gravity="center"
        android:text="#305BC8" />
```

```
    </LinearLayout>
    <LinearLayout
        android:layout_width="match_parent"
        android:layout_height="wrap_content"
        android:orientation="horizontal">
        <View
            android:layout_width="0dp"
            android:layout_height="60dp"
            android:layout_weight="2"
            android:background="#282EA8" />
        <TextView
            android:layout_width="0dp"
            android:layout_height="60dp"
            android:layout_weight="1"
            android:gravity="center"
            android:text="#282EA8" />
    </LinearLayout>
    <LinearLayout
        android:layout_width="match_parent"
        android:layout_height="wrap_content"
        android:orientation="horizontal">
        <View
            android:layout_width="0dp"
            android:layout_height="60dp"
            android:layout_weight="2"
            android:background="#0B685E" />
        <TextView
            android:layout_width="0dp"
            android:layout_height="60dp"
            android:layout_weight="1"
            android:gravity="center"
            android:text="#0B685E" />
    </LinearLayout>
    <LinearLayout
        android:layout_width="match_parent"
        android:layout_height="wrap_content"
        android:orientation="horizontal">
        <View
            android:layout_width="0dp"
```

```
                    android:layout_height="60dp"
                    android:layout_weight="2"
                    android:background="#263B7E" />
                <TextView
                    android:layout_width="0dp"
                    android:layout_height="60dp"
                    android:layout_weight="1"
                    android:gravity="center"
                    android:text="#263B7E" />
            </LinearLayout>
            <LinearLayout
                android:layout_width="match_parent"
                android:layout_height="wrap_content"
                android:orientation="horizontal">
                <View
                    android:layout_width="0dp"
                    android:layout_height="60dp"
                    android:layout_weight="2"
                    android:background="#0A7AC5" />
                <TextView
                    android:layout_width="0dp"
                    android:layout_height="60dp"
                    android:layout_weight="1"
                    android:gravity="center"
                    android:text="#0A7AC5" />
            </LinearLayout>
        </LinearLayout>
</ScrollView>
```

（2）水平滚动

在 Android 平台下，与 ScrollView 类似的还有一个 HorizontalScrollView 容器，这个容器与 ScrollView 的作用相反，主要适用于水平滚动。

水平滚动的 ScrollView 的运行效果如图 3-2 所示。

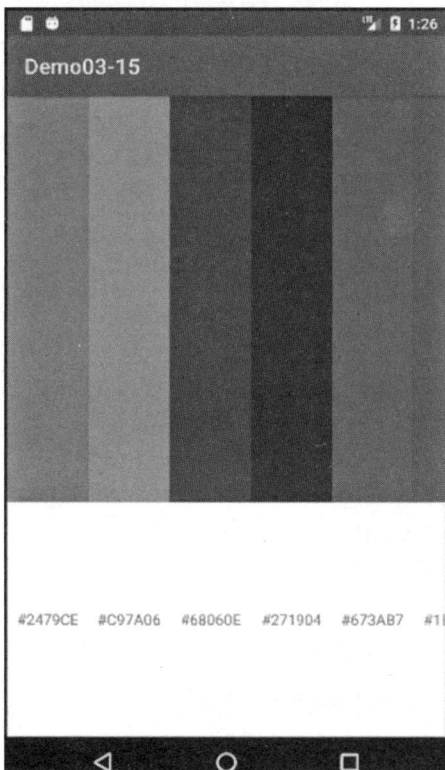

图3-2 水平滚动的ScrollView的运行效果

代码如下：

```xml
<?xml version="1.0" encoding="utf-8"?>
<HorizontalScrollView xmlns:android="http://schemas.android.com/apk/res/android"
    android:layout_width="match_parent"
    android:layout_height="match_parent">


    <LinearLayout
        android:layout_width="wrap_content"
        android:layout_height="match_parent"
        android:orientation="horizontal">


        <LinearLayout
            android:layout_width="match_parent"
            android:layout_height="match_parent"
            android:orientation="vertical">
            <View
                android:layout_width="200px"
```

```xml
                android:layout_height="60dp"
                android:layout_weight="2"
                android:background="#2479CE" />
            <TextView
                android:layout_width="200px"
                android:layout_height="60dp"
                android:layout_weight="1"
                android:gravity="center"
                android:text="#2479CE" />
    </LinearLayout>

    <LinearLayout
        android:layout_width="match_parent"
        android:layout_height="match_parent"
        android:orientation="vertical">
        <View
            android:layout_width="200px"
            android:layout_height="60dp"
            android:layout_weight="2"
            android:background="#C97A06" />

        <TextView
            android:layout_width="200px"
            android:layout_height="60dp"
            android:layout_weight="1"
            android:gravity="center"
            android:text="#C97A06" />
    </LinearLayout>

    <LinearLayout
        android:layout_width="match_parent"
        android:layout_height="match_parent"
        android:orientation="vertical">
        <View
            android:layout_width="200px"
            android:layout_height="60dp"
            android:layout_weight="2"
            android:background="#68060E" />
```

```
        <TextView
            android:layout_width="200px"
            android:layout_height="60dp"
            android:layout_weight="1"
            android:gravity="center"
            android:text="#68060E" />
    </LinearLayout>

    <LinearLayout
        android:layout_width="match_parent"
        android:layout_height="match_parent"
        android:orientation="vertical">
        <View
            android:layout_width="200px"
            android:layout_height="60dp"
            android:layout_weight="2"
            android:background="#271904" />

        <TextView
            android:layout_width="200px"
            android:layout_height="60dp"
            android:layout_weight="1"
            android:gravity="center"
            android:text="#271904" />
    </LinearLayout>

    <LinearLayout
        android:layout_width="match_parent"
        android:layout_height="match_parent"
        android:orientation="vertical">
        <View
            android:layout_width="200px"
            android:layout_height="60dp"
            android:layout_weight="2"
            android:background="#673AB7" />

        <TextView
            android:layout_width="200px"
            android:layout_height="60dp"
```

```
            android:layout_weight="1"
            android:gravity="center"
            android:text="#673AB7" />
    </LinearLayout>

    <LinearLayout
        android:layout_width="match_parent"
        android:layout_height="match_parent"
        android:orientation="vertical">
        <View
            android:layout_width="200px"
            android:layout_height="60dp"
            android:layout_weight="2"
            android:background="#1B5834" />

        <TextView
            android:layout_width="200px"
            android:layout_height="60dp"
            android:layout_weight="1"
            android:gravity="center"
            android:text="#1B5834" />
    </LinearLayout>

    <LinearLayout
        android:layout_width="match_parent"
        android:layout_height="match_parent"
        android:orientation="vertical">
        <View
            android:layout_width="200px"
            android:layout_height="60dp"
            android:layout_weight="2"
            android:background="#680379" />

        <TextView
            android:layout_width="200px"
            android:layout_height="60dp"
            android:layout_weight="1"
            android:gravity="center"
            android:text="#680379" />
```

```
    </LinearLayout>

    <LinearLayout
        android:layout_width="match_parent"
        android:layout_height="match_parent"
        android:orientation="vertical">
        <View
            android:layout_width="200px"
            android:layout_height="60dp"
            android:layout_weight="2"
            android:background="#043485" />

        <TextView
            android:layout_width="200px"
            android:layout_height="60dp"
            android:layout_weight="1"
            android:gravity="center"
            android:text="#043485" />
    </LinearLayout>

    <LinearLayout
        android:layout_width="match_parent"
        android:layout_height="match_parent"
        android:orientation="vertical">
        <View
            android:layout_width="200px"
            android:layout_height="60dp"
            android:layout_weight="2"
            android:background="#798506" />

        <TextView
            android:layout_width="200px"
            android:layout_height="60dp"
            android:layout_weight="1"
            android:gravity="center"
            android:text="#798506" />
    </LinearLayout>

    <LinearLayout
```

```xml
    android:layout_width="match_parent"
    android:layout_height="match_parent"
    android:orientation="vertical">
    <View
        android:layout_width="200px"
        android:layout_height="60dp"
        android:layout_weight="2"
        android:background="#B12E04" />

    <TextView
        android:layout_width="200px"
        android:layout_height="60dp"
        android:layout_weight="1"
        android:gravity="center"
        android:text="#B12E04" />
</LinearLayout>

<LinearLayout
    android:layout_width="match_parent"
    android:layout_height="match_parent"
    android:orientation="vertical">
    <View
        android:layout_width="200px"
        android:layout_height="60dp"
        android:layout_weight="2"
        android:background="#A09006" />

    <TextView
        android:layout_width="200px"
        android:layout_height="60dp"
        android:layout_weight="1"
        android:gravity="center"
        android:text="#A09006" />
</LinearLayout>

<LinearLayout
    android:layout_width="match_parent"
    android:layout_height="match_parent"
    android:orientation="vertical">
```

```
        <View
                android:layout_width="200px"
                android:layout_height="60dp"
                android:layout_weight="2"
                android:background="#920C02" />

        <TextView
                android:layout_width="200px"
                android:layout_height="60dp"
                android:layout_weight="1"
                android:gravity="center"
                android:text="#920C02" />
    </LinearLayout>
  </LinearLayout>
</HorizontalScrollView>
```

3.1.2 RadioGroup 的使用方法

RadioGroup 为单项选择按钮组,其中可以包含多个 RadioButton(即单选按钮),它们共同为用户提供一种多选一的选择方式。在多个 RadioButton 被同一个 RadioGroup 包含的情况下,多个 RadioButton 之间自动形成互斥关系,仅有一个可以被选择。

```
<RadioGroup
    android:id="@+id/radiogroup1"
    android:layout_width="wrap_content"
    android:layout_height="wrap_content"
    android:layout_x="3px"
    android:orientation="vertical">

    <RadioButton
    android:id="@+id/radiobutton1"
    android:layout_width="wrap_content"
    android:layout_height="wrap_content"
    android:text="@string/music" />

    <RadioButton
    android:id="@+id/radiobutton2"
    android:layout_width="wrap_content"
    android:layout_height="wrap_content"
```

```
        android:text="@string/gym" />
</RadioGroup>
```

单选按钮的使用方法和CheckBox的使用方法高度相似,其事件监听接口使用的是RadioGroup.OnCheckedChangeListener(),使用setOnCheckedChangeListener()方法将监听器设置到单选按钮上。

```
RadioGroup radios = findViewById(R.id.radioGroup);//取得左侧 RadioGroup
radios.setOnCheckedChangeListener(new RadioGroup.OnCheckedChangeListener() {
    @Override
    public void onCheckedChanged(RadioGroup group, int checkedId) {
            //...
    }
});
```

3.1.3 View组件的使用方法

Android 系统中的所有 UI 类都是建立在 View 和 ViewGroup 两个类的基础之上的,所有 View 的子类称为Widget,所有 ViewGroup 的子类称为Layout。

View 是所有 UI 组件的基类,基本上所有的高级 UI 组件都是继承 View 类实现的,如 TextView(文本框)、Button、List、EditText(编辑框)、Checkbox 等。一个 View 在屏幕占据一块矩形区域,负责渲染这块矩形区域,也可以处理这块矩形区域发生的事件,并可以设置该区域是否可见以及获取焦点等。

```
<View
            android:layout_width=" 100dp "
            android:layout_height="100dp"
            android:background="#F00" />
```

Android 中的视图类可分为 3 种:布局(Layout)类、视图容器(View Container)类和视图类(例TextView),这 3 种类都是 android.view.View 的子类。ViewGroup 是一个容器类,该类也是 View 的重要子类,所有的布局类和视图容器类都是 ViewGroup 的子类,而视图类直接继承自 View 类。

图3-3描述了 View、ViewGroup、视图容器类及视图类的继承关系。

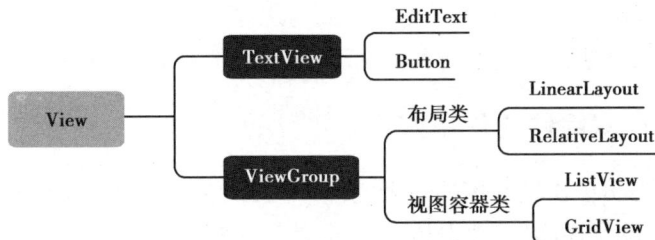

图3-3　View、ViewGroup、视图容器类及视图类的继承关系

从图3-3所示的继承关系可以看出：

•Button、TextView、EditText 都 是 视 图 类，TextView 是 Button 和 EditText 的 父 类，TextView直接继承自View类。

•GridView 和 ListView 是 ViewGroup 的子类，但并不是直接子类，GridView、ListView 继承 自 AbsListView，而 后 AbsListView 又 继 承 自 AdapterView，AdapterView 继 承 自 ViewGroup，从而形成了视图容器类的层次结构。

•布局视图虽然也属于容器视图，但由于布局视图具有排版功能，所以将这类视图置为布局类。

对于一个 Android 应用的图形用户界面来说，ViewGroup 作为容器来装其他组件。因此 ViewGroup 里除可以包含普通 View 组件之外，还可以包含 ViewGroup 组件，如图3-4所示。

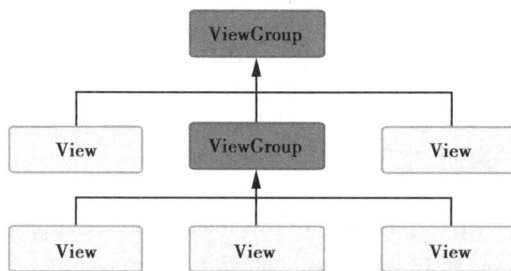

图3-4　ViewGroup作为容器来装其他组件

XML 布局文件是 Android 系统中定义视图的常用方法，所有的 XML 布局文件必须保存在"res/layout"目录中。XML 布局文件的命名及定义需要注意如下几点：

•XML 布局文件的扩展名必须是 xml。

•由于 aapt 会根据每一个 XML 布局文件名在 R 类的内嵌类中生成一个 int 类型的变量，这个变量名就是 XML 布局文件名，因此，XML 布局文件名(不包含扩展名)必须符合 Java 变量名的命名规则，例如，XML 布局文件名不能以数字开头。

•每一个 XML 布局文件的根节点可以是任意的视图标签，如< LinearLayout >，< TextView >。

•XML 布局文件的根节点必须包含 android 命名空间，而且命名空间的值必须是 android="http://schemas.android.com/apk/res/android"。

•为 XML 布局文件中的标签指定 ID 时需要使用这样的格式：@+id/tv_xml，其实@+id 就是在 R.java 文件里新增一个 id 名称，在同一个 xml 文件中确保 ID 唯一。

•由于每一个视图 ID 都会在 R.id 类中生成与之相对应的变量，因此，视图 ID 的值也要符合 Java 变量的命名规则，这一点与 XML 布局文件名的命名规则相同。

3.1.4　EditText组件的使用方法

EditText 是 Android 中比较常用的一个控件，可以说它是用户和 Android 应用进行数据传递的通道。通过它，用户可以把数据传给 App，然后用户就可以获取用户输入的数据。

EditText 是 TextView 的子类,它继承了 TextView 的所有属性。

·android:textColor:设置文字颜色;

·android:textSize:设置文本字体大小;

·android:inputType:设置文本的类型,用于帮助输入法显示合适的键盘类型。

inputType 的常见取值:

·text:普通文本键盘;

·textEmailAddress:带有@字符的普通文本键盘;

·number:基本数字键盘;

·phone:电话样式键盘;

·date:日期;

·textPassword:与 password="true" 相同效果。以原点的形式显示输入的文本。

```xml
<EditText
    android:id="@+id/et_user_name"
    android:layout_width="match_parent"
    android:layout_height="wrap_content"
    android:hint="请输入用户名 ..."
    android:imeOptions="actionNext"
    android:inputType="text"
    android:textColor="@color/black" />

<EditText
    android:id="@+id/et_password"
    android:layout_width="match_parent"
    android:layout_height="wrap_content"
    android:hint="请输入密码 ..."
    android:imeOptions="actionDone"
    android:inputType="textPassword"
    android:textColor="@color/black" />
```

3.1.5　strings.xml 的基本用法

在 Android 的工程目录中有一个 res 文件夹专门用来存放资源文件的,而在 res 文件夹下有一个 strings.xml 文件,这个文件是用来定义字符串常数的。

```xml
<?xml version="1.0" encoding="utf-8"?>
<resources>
    <string name="app_name">HelloWorld</string>
</resources>
```

可以在配置文件中,通过@string引用定义好的字符串。

```
<TextView
    android:text="@string/app_name"
    android:layout_width="wrap_content"
    android:layout_height="wrap_content" />
```

任务实施

步骤1:新建应用。

创建新的 Module,名称为"CarSetting"。关于创建 Module 的具体细节,请参见 2.1.6 节所述内容。

步骤2:导入图片到项目中。

将界面设计所需的图片复制到项目目录下的"res"–"drawable"目录中。关于导入图片到项目中的具体细节,请参见 2.2 节中的"任务实施"–"导入图片到项目中"所述内容。

步骤3:配置 activity_main.xml 文件。

```
<?xml version="1.0" encoding="utf-8"?>
<androidx. constraintlayout. widget. ConstraintLayout xmlns: android= "http://schemas. android.
com/apk/res/android"
    xmlns:tools="http://schemas.android.com/tools"
    android:layout_width="match_parent"
    android:layout_height="match_parent"
    tools:context=".MainActivity">

    <LinearLayout
        android:layout_width="match_parent"
        android:layout_height="match_parent"
        android:orientation="horizontal">

        <ScrollView
            android:layout_width="330dp"
            android:layout_height="match_parent"
            android:background="@color/background">

            <RadioGroup
                android:id="@+id/rg"
                android:layout_width="match_parent"
                android:layout_height="wrap_content"
```

```xml
        android:orientation="vertical">

        <RadioButton
            android:id="@+id/btn_car"
            style="@style/MainRadioButton"
            android:checked="true"
            android:text="@string/car_msg" />

        <RadioButton
            android:id="@+id/btn_theme"
            style="@style/MainRadioButton"
            android:text="@string/theme" />

        <RadioButton
            android:id="@+id/btn_voice"
            style="@style/MainRadioButton"
            android:text="@string/voice_broadcast" />

        <RadioButton
            android:id="@+id/btn_video"
            style="@style/MainRadioButton"
            android:text="@string/monitoring_video" />

        <RadioButton
            android:id="@+id/btn_map"
            style="@style/MainRadioButton"
            android:text="@string/map_nav" />

        <RadioButton
            android:id="@+id/btn_car_code"
            style="@style/MainRadioButton"
            android:text="@string/btn_car_code" />

        <RadioButton
            android:id="@+id/btn_wifi"
            style="@style/MainRadioButton"
            android:text="@string/wifi" />
    </RadioGroup>
</ScrollView>
```

```xml
    <View
        android:layout_width="1.5dp"
        android:layout_height="match_parent"
        android:background="@color/line_hor" />
    </LinearLayout>
</androidx.constraintlayout.widget.ConstraintLayout>
```

步骤4：配置colors.xml文件。

修改项目目录下"res"-"ues"中的colors.xm文件,添加自定义颜色。

```xml
<?xml version="1.0" encoding="utf-8"?>
<resources>
    <color name="purple_200">#FFBB86FC</color>
    <color name="purple_500">#FF6200EE</color>
    <color name="purple_700">#FF3700B3</color>
    <color name="teal_200">#FF03DAC5</color>
    <color name="teal_700">#FF018786</color>
    <color name="black">#FF000000</color>
    <color name="white">#FFFFFFFF</color>

    <!--添加自定义颜色-->
    <color name="colorPrimary">#3F51B5</color>
    <color name="colorPrimaryDark">#303F9F</color>
    <color name="colorAccent">#FF4081</color>

    <color name="blue">#007aff</color>
    <color name="text_black">#333</color>
    <color name="text_gray">#999999</color>
    <color name="background">#f6f6f6</color>
    <color name="background_frag">#fff</color>
    <color name="bg_item">#fff</color>
    <color name="line">#e8e8e8</color>
    <color name="line_hor">#e8e8e8</color>
</resources>
```

步骤5：添加styles.xml文件。

在项目目录下的"res"-"ues"目录中,添加配置文件styles.xml,封装组件样式定义。

```xml
<?xml version="1.0" encoding="utf-8"?>
<resources>
    <!--activity_main.xml 文件用-->
    <style name="MainRadioButton">
        <item name="android:layout_width">match_parent</item>
        <item name="android:layout_height">90dp</item>
        <item name="android:textSize">30dp</item>
        <item name="android:textColor">@color/text_white_black</item>
        <item name="android:gravity">center_vertical</item>
        <item name="android:paddingLeft">45dp</item>
        <item name="android:paddingRight">45dp</item>
        <item name="android:drawableRight">@drawable/bg_arrow_selector</item>
        <item name="android:background">@drawable/bg_corlor_selector</item>
        <item name="android:button">@null</item>
    </style>
    <!--fragment-theme.xml 文件用 -->
    <style name="SettingRadioButton">
        <item name="android:layout_width">180dp</item>
        <item name="android:layout_height">match_parent</item>
        <item name="android:layout_marginLeft">30dp</item>
        <item name="android:background">@drawable/bg_radiobutton</item>
        <item name="android:button">@null</item>
        <item name="android:gravity">center</item>
        <item name="android:textColor">@color/text_white_black</item>
        <item name="android:textSize">30dp</item>
    </style>
</resources>
```

步骤6：添加selector文件。

在项目目录下的"res"新建"color"子目录，添加Selector文件"ext_white_black.xml"。

```xml
<?xml version="1.0" encoding="utf-8"?>
<selector xmlns:android="http://schemas.android.com/apk/res/android">
    <item android:color="@color/white" android:state_focused="true" />
    <item android:color="@color/white" android:state_pressed="true" />
    <item android:color="@color/white" android:state_selected="true" />
    <item android:color="@color/white" android:state_checked="true" />
    <item android:color="@color/text_black" />
</selector>
```

在项目目录下的"res"-"drawable"目录中,添加Selector文件。

bg_arrow_selector.xml

```xml
<?xml version="1.0" encoding="utf-8"?>
<selector xmlns:android="http://schemas.android.com/apk/res/android">
    <item android:drawable="@drawable/icon_arrow_sel" android:state_focused="true" />
    <item android:drawable="@drawable/icon_arrow_sel" android:state_pressed="true" />
    <item android:drawable="@drawable/icon_arrow_sel" android:state_checked="true" />
    <item android:drawable="@drawable/icon_arrow_normal" />
</selector>
```

bg_corlor_selector.xml

```xml
<?xml version="1.0" encoding="utf-8"?>
<selector xmlns:android="http://schemas.android.com/apk/res/android">
    <item android:drawable="@color/blue" android:state_focused="true" />
    <item android:drawable="@color/blue" android:state_pressed="true" />
    <item android:drawable="@color/blue" android:state_selected="true" />
    <item android:drawable="@color/blue" android:state_checked="true" />
    <item>
        <layer-list>
            <item>
                <shape>
                    <solid android:color="@color/background" />
                </shape>
            </item>
            <item android:bottom="1.5dp" android:top="1.5dp">
                <shape>
                    <solid android:color="@color/bg_item" />
                </shape>
            </item>
        </layer-list>
    </item>
</selector>
```

bg_radiobutton.xml

```xml
<?xml version="1.0" encoding="utf-8"?>
<selector xmlns:android="http://schemas.android.com/apk/res/android">
    <item android:state_focused="true">
```

```xml
        <shape>
            <corners android:radius="15dp" />
            <solid android:color="@color/blue" />
        </shape>
    </item>
    <item android:state_selected="true">
        <shape>
            <corners android:radius="15dp" />
            <solid android:color="@color/blue" />
        </shape>
    </item>
    <item android:state_checked="true">
        <shape>
            <corners android:radius="15dp" />
            <solid android:color="@color/blue" />
        </shape>
    </item>
    <item>
        <shape>
            <corners android:radius="15dp" />
            <solid android:color="@color/background_frag" />
            <stroke android:width="3dp" android:color="@color/line" />
        </shape>
    </item>
</selector>
```

步骤7：配置 strings.xml 文件。

添加界面上使用的文字信息。

```xml
<resources>
    <string name="app_name">CarSetting</string>

    <!--车辆信息-->
    <string name="car_msg">车辆信息</string>
    <string name="theme">主题</string>
    <string name="voice_broadcast">声控与播报</string>
    <string name="monitoring_video">监控和视频</string>
    <string name="map_nav">地图和导航</string>
    <string name="btn_car_code">车载二维码</string>
```

```
<string name="wifi">无线网络</string>

<string name="car_number">车牌号</string>
<string name="max_count">核定载人数</string>
<string name="total_weight">总质重</string>
<string name="car_length">车长</string>
<string name="car_check">检验有效期至</string>

<!--主题-->
<string name="ui_theme">界面主题</string>
<string name="day_style">白天模式</string>
<string name="night_style">夜间模式</string>

<!--声控与播报-->
<string name="voice_send">语音播报</string>
<string name="detail_voice">详细播报</string>
<string name="concise_voice">简洁播报</string>
<string name="voice_pack">语音包</string>
<string name="voice_man">男声</string>
<string name="voice_woman">女声</string>
<string name="voice_control">声控操作</string>
<string name="voice_operation">无须手动操作,只需对车机说"小卡",即可激活与
车机对话。激活对话状态下,说出应用名称即可打开应用。例如:说"导航",可打开导
航;应用界面说出操作指令,即可命令车机执行操作。例如:说"我要去重庆大厦"。
</string>
</resources>
```

步骤8:取消界面标题栏。

```
<item name="android:windowNoTitle">true</item>
<item name="windowNoTitle">true</item>
```

关于取消界面标题栏的具体细节,请参见2.2节中的"任务实施"-"取消界面标题栏"
所述内容。

步骤9:启动模拟器查看运行效果。

查看运行效果,如图3-5所示。

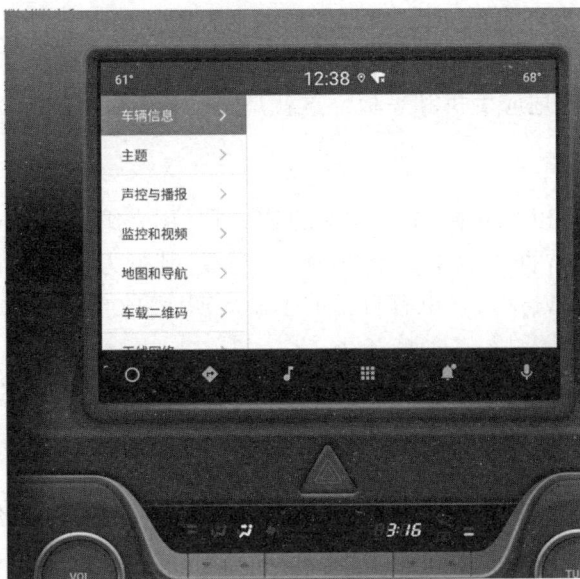

图3-5　查看运行效果

3.2　实现设置面板子界面设计

任务描述

通过本任务的学习,实现设置面板子界面的构建。

任务要求

①掌握车辆信息子界面的创建方法。
②掌握主题子界面的创建方法。
③掌握声控与播报子界面的创建方法。

相关知识

3.2.1　Fragment的基本概念

（1）什么是Fragment

Fragment 是 Android3.0开始新增的概念,意为碎片。Fragment是依赖于Activity的,不能独立存在。

（2）为什么要有Fragment

Android 运行在各种各样的设备中,有小屏幕的手机,还有大屏幕的平板、电视等。同样的界面在手机上显示可能很好看,在大屏幕的平板上就未必了,手机的界面放在平板上可能会出现被过分拉长、控件间距过大等情况。针对屏幕尺寸的差距,Fragment的出现能做到一个App可以同时适应手机和平板。这就是要有Fragment的原因。

(3)Fragment的特点

Fragment是一种可以嵌入在Activity中的UI片段,用来组建Activity界面的局部模块,也可以说一个Actiivty界面可以由多个Fragment组成,其行为与Activity很相似,有自己对应的布局(包含具体的View),它也有自己的生命周期,接收自己的输入事件,并且可以从运行的Activity中添加或移除。

一个Fragment必须嵌在一个Activity中使用,同时Fragment的生命周期也受Activity的影响,本质上会产生一个FrameLayout,它加载的布局为其子布局。

Fragment的优势:

•模块化:不必把所有代码全部写在Activity中,而是把代码写在各自的Fragment中。

•可重用:多个Activity可以重用一个Fragment。

•可适配:根据硬件的屏幕尺寸、屏幕方向,能够方便地实现不同的布局,这样用户体验会更好。

3.2.2 Fragment 的生命周期

Fragment的生命周期和Activity类似,但比Activity的生命周期复杂一些,主要方法包括:

•onAttach():Fragment和Activity相关联时调用。可以通过该方法获取Activity引用,还可以通过getArguments()获取参数。

•onCreate():Fragment被创建时调用。

•onCreateView():创建Fragment的布局。

•onActivityCreated():当Activity完成onCreate()时调用。

•onStart():当Fragment可见时调用。

•onResume():当Fragment可见且可交互时调用。

•onPause():当Fragment不可交互但可见时调用。

•onStop():当Fragment不可见时调用。

•onDestroyView():当Fragment的UI从视图结构中移除时调用。

•onDestroy():销毁Fragment时调用。

•onDetach():当Fragment和Activity解除关联时调用。

任务实施

步骤1:创建车辆信息子界面。

①添加Fragment组件:InfoFragment.java。

```
package com.dr.carsetting.fragment;
```

```java
import androidx.fragment.app.Fragment;

/**
 * 车辆信息
 */
public class InfoFragment extends Fragment { }
```

②添加 Layout 文件：fragment_info.xml。

```xml
<?xml version="1.0" encoding="utf-8"?>
<LinearLayout xmlns:android="http://schemas.android.com/apk/res/android"
    xmlns:tools="http://schemas.android.com/tools"
    android:layout_width="match_parent"
    android:layout_height="match_parent"
    android:orientation="vertical"
    tools:context=".fragment.ThemeFragment">

    <LinearLayout
        android:layout_width="match_parent"
        android:layout_height="match_parent"
        android:background="@color/background_frag"
        android:orientation="vertical">

        <LinearLayout
            android:layout_width="match_parent"
            android:layout_height="90dp"
            android:background="@drawable/bg_indior_bottom"
            android:orientation="horizontal">

            <TextView
                android:layout_width="wrap_content"
                android:layout_height="match_parent"
                android:gravity="center_vertical"
                android:text="@string/car_number"
                android:textColor="@color/text_black"
                android:textSize="30dp" />

            <EditText
                android:id="@+id/et_car_number"
```

```
                android:layout_width="match_parent"
                android:layout_height="match_parent"
                android:background="@null"
                android:drawableRight="@drawable/icon_arrow_normal"
                android:drawablePadding="15dp"
                android:gravity="right|center_vertical"
                android:hint="京 B888888"
                android:imeOptions="actionDone"
                android:textColor="@color/text_black"
                android:textColorHint="@color/text_gray"
                android:textSize="24dp" />
        </LinearLayout>

        <LinearLayout
            android:layout_width="match_parent"
            android:layout_height="90dp"
            android:background="@drawable/bg_indior_bottom"
            android:orientation="horizontal">

            <TextView
                android:layout_width="wrap_content"
                android:layout_height="match_parent"
                android:gravity="center_vertical"
                android:text="@string/max_count"
                android:textColor="@color/text_black"
                android:textSize="30dp" />

            <EditText
                android:id="@+id/et_max_height"
                android:layout_width="match_parent"
                android:layout_height="match_parent"
                android:background="@null"
                android:drawableRight="@drawable/icon_arrow_normal"
                android:drawablePadding="15dp"
                android:gravity="right|center_vertical"
                android:hint="5 人"
                android:imeOptions="actionDone"
                android:inputType="number"
                android:textColor="@color/text_black"
```

```xml
                android:textColorHint="@color/text_gray"
                android:textSize="24dp" />
        </LinearLayout>

        <LinearLayout
            android:layout_width="match_parent"
            android:layout_height="90dp"
            android:background="@drawable/bg_indior_bottom"
            android:orientation="horizontal">

            <TextView
                android:layout_width="wrap_content"
                android:layout_height="match_parent"
                android:gravity="center_vertical"
                android:text="@string/total_weight"
                android:textColor="@color/text_black"
                android:textSize="30dp" />

            <EditText
                android:id="@+id/et_car_weight"
                android:layout_width="match_parent"
                android:layout_height="match_parent"
                android:background="@null"
                android:drawableRight="@drawable/icon_arrow_normal"
                android:drawablePadding="15dp"
                android:gravity="right|center_vertical"
                android:hint="1.8 吨"
                android:imeOptions="actionDone"
                android:inputType="number"
                android:textColor="@color/text_black"
                android:textColorHint="@color/text_gray"
                android:textSize="24dp" />
        </LinearLayout>

        <LinearLayout
            android:layout_width="match_parent"
            android:layout_height="90dp"
            android:background="@drawable/bg_indior_bottom"
            android:orientation="horizontal">
```

```xml
<TextView
    android:layout_width="wrap_content"
    android:layout_height="match_parent"
    android:gravity="center_vertical"
    android:text="@string/car_length"
    android:textColor="@color/text_black"
    android:textSize="30dp" />

<EditText
    android:id="@+id/et_car_length"
    android:layout_width="match_parent"
    android:layout_height="match_parent"
    android:background="@null"
    android:drawableRight="@drawable/icon_arrow_normal"
    android:drawablePadding="15dp"
    android:gravity="right|center_vertical"
    android:hint="4.8 米"
    android:imeOptions="actionDone"
    android:inputType="number"
    android:textColor="@color/text_black"
    android:textColorHint="@color/text_gray"
    android:textSize="24dp" />
</LinearLayout>

<LinearLayout
    android:layout_width="match_parent"
    android:layout_height="90dp"
    android:background="@drawable/bg_indior_bottom"
    android:orientation="horizontal">

    <TextView
        android:layout_width="wrap_content"
        android:layout_height="match_parent"
        android:gravity="center_vertical"
        android:text="@string/car_check"
        android:textColor="@color/text_black"
        android:textSize="30dp" />
    <EditText
```

```
                android:id="@+id/et_car_type"
                android:layout_width="match_parent"
                android:layout_height="match_parent"
                android:background="@null"
                android:drawableRight="@drawable/icon_arrow_normal"
                android:drawablePadding="15dp"
                android:gravity="right|center_vertical"
                android:hint="2030-01-01"
                android:imeOptions="actionDone"
                android:inputType="date"
                android:textColor="@color/text_black"
                android:textColorHint="@color/text_gray"
                android:textSize="24dp" />
        </LinearLayout>
    </LinearLayout>
</LinearLayout>
```

③添加 selector 文件：bg_indior_bottom.xml。

```
<?xml version="1.0" encoding="utf-8"?>
<selector xmlns:android="http://schemas.android.com/apk/res/android">
    <item>
        <shape>
            <solid android:color="@color/line" />
        </shape>
    </item>
    <item android:bottom="1.5dp">
        <shape>
            <solid android:color="@color/background_frag" />
        </shape>
    </item>
</selector>
```

步骤2：创建主题子界面。

①添加 Fragment 组件：ThemeFragment.java。

```
package com.dr.carsetting.fragment;
import androidx.fragment.app.Fragment;
/**
```

```
 * 主题设置
 */
public class ThemeFragment extends Fragment { }
```

②添加 Layout 文件：fragment_theme.xml。

```xml
<?xml version="1.0" encoding="utf-8"?>
<LinearLayout xmlns:android="http://schemas.android.com/apk/res/android"
    xmlns:tools="http://schemas.android.com/tools"
    android:layout_width="match_parent"
    android:layout_height="match_parent"
    android:orientation="vertical"
    tools:context=".fragment.InfoFragment">

    <LinearLayout
        android:layout_width="match_parent"
        android:layout_height="match_parent"
        android:background="@color/background_frag"
        android:orientation="vertical">

        <RelativeLayout
            android:layout_width="match_parent"
            android:layout_height="90dp"
            android:background="@drawable/bg_indior_bottom">

            <TextView
                android:layout_width="wrap_content"
                android:layout_height="match_parent"
                android:layout_marginLeft="30dp"
                android:gravity="center"
                android:text="@string/ui_theme"
                android:textColor="@color/text_black"
                android:textSize="30dp" />

            <RadioGroup
                android:id="@+id/rgs_style"
                android:layout_width="wrap_content"
                android:layout_height="60dp"
                android:layout_alignParentRight="true"
```

```
                    android:layout_centerVertical="true"
                    android:layout_marginRight="45dp"
                    android:orientation="horizontal">

                    <RadioButton
                        android:id="@+id/rbtn_day_style"
                        style="@style/SettingRadioButton"
                        android:checked="true"
                        android:text="@string/day_style" />

                    <RadioButton
                        android:id="@+id/rbtn_night_style"
                        style="@style/SettingRadioButton"
                        android:text="@string/night_style" />
                </RadioGroup>
            </RelativeLayout>
        </LinearLayout>
</LinearLayout>
```

步骤3：创建声控与播报子界面。

①添加 Fragment 组件：VoiceFragment.java。

```
package com.dr.carsetting.fragment;
import androidx.fragment.app.Fragment;
/**
 * 声控与播报
 */
public class VoiceFragment extends Fragment { }
```

②添加 Layout 文件：fragment_voice.xml。

```
<?xml version="1.0" encoding="utf-8"?>
<LinearLayout xmlns:android="http://schemas.android.com/apk/res/android"
    xmlns:tools="http://schemas.android.com/tools"
    android:layout_width="match_parent"
    android:layout_height="match_parent"
    android:orientation="vertical"
    tools:context=".fragment.VoiceFragment">
```

```xml
<LinearLayout
    android:layout_width="match_parent"
    android:layout_height="match_parent"
    android:background="@color/background_frag"
    android:orientation="vertical">

    <RelativeLayout
        android:layout_width="match_parent"
        android:layout_height="90dp"
        android:background="@drawable/bg_indior_bottom">

        <TextView
            android:layout_width="wrap_content"
            android:layout_height="match_parent"
            android:layout_marginLeft="30dp"
            android:gravity="center"
            android:text="@string/voice_send"
            android:textColor="@color/text_black"
            android:textSize="30dp" />

        <RadioGroup
            android:id="@+id/rgs_style"
            android:layout_width="wrap_content"
            android:layout_height="60dp"
            android:layout_alignParentRight="true"
            android:layout_centerVertical="true"
            android:layout_marginRight="15dp"
            android:orientation="horizontal">

            <RadioButton
                android:id="@+id/rbtn_detail"
                style="@style/SettingRadioButton"
                android:checked="true"
                android:text="@string/detail_voice" />

            <RadioButton
                android:id="@+id/rbtn_concise"
                style="@style/SettingRadioButton"
```

```
                    android:text="@string/concise_voice" />
        </RadioGroup>
</RelativeLayout>

<RelativeLayout
        android:layout_width="match_parent"
        android:layout_height="90dp"
        android:background="@drawable/bg_indior_bottom">

        <TextView
            android:layout_width="wrap_content"
            android:layout_height="match_parent"
            android:layout_marginLeft="30dp"
            android:gravity="center"
            android:text="@string/voice_pack"
            android:textColor="@color/text_black"
            android:textSize="30dp" />

        <RadioGroup
            android:id="@+id/rgs_voice_style"
            android:layout_width="wrap_content"
            android:layout_height="60dp"
            android:layout_alignParentRight="true"
            android:layout_centerVertical="true"
            android:layout_marginRight="15dp"
            android:orientation="horizontal">

            <RadioButton
                android:id="@+id/rbtn_voice_man"
                style="@style/SettingRadioButton"
                android:checked="true"
                android:text="@string/voice_man" />

            <RadioButton
                android:id="@+id/rbtn_voice_woman"
                style="@style/SettingRadioButton"
                android:text="@string/voice_woman" />
        </RadioGroup>
```

```
        </RelativeLayout>

        <RelativeLayout
            android:layout_width="match_parent"
            android:layout_height="90dp"
            android:background="@drawable/bg_indior_bottom">

            <TextView
                android:layout_width="wrap_content"
                android:layout_height="match_parent"
                android:layout_marginLeft="30dp"
                android:gravity="center"
                android:text="@string/voice_control"
                android:textColor="@color/text_black"
                android:textSize="30dp" />
        </RelativeLayout>

        <TextView
            android:layout_width="match_parent"
            android:layout_height="wrap_content"
            android:layout_marginLeft="30dp"
            android:paddingTop="30dp"
            android:text="@string/voice_operation"
            android:textColor="@color/text_gray"
            android:textSize="30dp" />
    </LinearLayout>
</LinearLayout>
```

3.3　实现在主界面中显示子界面

任务描述

通过本任务的学习,实现在主界面中显示子界面。

任务要求

了解将 Fragment 添加到 Activity 的两种方式。

相关知识

将 Fragment 添加到 Activity 的两种方式。

（1）静态注册

以<fragment>标签的形式添加到 Activity 的布局当中。

```xml
<?xml version="1.0" encoding="utf-8"?>
<LinearLayout xmlns:android="http://schemas.android.com/apk/res/android"
    xmlns:app="http://schemas.android.com/apk/res-auto"
    xmlns:tools="http://schemas.android.com/tools"
    android:layout_width="match_parent"
    android:layout_height="match_parent"
    android:orientation="vertical"
    tools:context="com.example.wcystart.wcystart.FragmentActivity">

    <fragment
        android:id="@+id/first_fragment"
        android:name="com.example.wcystart.wcystart.FirstFragment"
        android:layout_width="match_parent"
        android:layout_height="wrap_content"
        android:layout_weight="1" />

    <fragment
        android:id="@+id/second_fragment"
        android:name="com.example.wcystart.wcystart.SecondFragment"
        android:layout_width="match_parent"
        android:layout_height="wrap_content"
        android:layout_weight="1" />
</LinearLayout>
```

（2）动态注册

通过 Java 代码将 Fragment 添加到已存在的宿主 Activity 中，动态添加 Fragment 常用的类：

·FragmentManager：用来管理 Activity 中的 Fragment，App 包中使用 getFragmentManager（）；v4 包中使用 getSupportFragmentManager。

·FragmentTransaction：事务。用来添加、移除、替换 fragment。

FragmentTransaction transaction = fm.benginTransatcion（）；//开启一个事务。

·transaction.add（）：往 Activity 中添加一个 Fragment。

·transaction.remove():从 Activity 中移除一个 Fragment,如果被移除的 Fragment 没有添加到回退栈,这个 Fragment 实例将会被销毁。

·transaction.replace():使用另一个 Fragment 替换当前的,实际上就是 remove(),然后 add()的合体。

·transaction.hide():隐藏当前的 Fragment,仅仅是设为不可见,并不会销毁。

·transaction.show():显示之前隐藏的 Fragment。

·transaction.commit():提交一个事务。

·detach():会将 View 从 UI 中移除,和 remove()不同,此时 Fragment 的状态依然由 FragmentManager 维护。

```
public class HomeFragment extends Fragment {
    @Nullable
    @Override
     public View onCreateView(LayoutInflater inflater, @Nullable ViewGroup container,
@Nullable Bundle savedInstanceState) {
        View view = inflater.inflate( R.layout.fragment_home, null);
        return view;
    }
}
```

任务实施

步骤 1:配置 activity_main.xml 文件。

在 activity_main.xml 文件下部,添加一个 FrameLayout 布局。

```xml
<?xml version="1.0" encoding="utf-8"?>
<androidx. constraintlayout. widget. ConstraintLayout xmlns: android= "http://schemas. android.
com/apk/res/android"
    xmlns:tools="http://schemas.android.com/tools"
    android:layout_width="match_parent"
    android:layout_height="match_parent"
    tools:context=".MainActivity">

    <LinearLayout
        android:layout_width="match_parent"
        android:layout_height="match_parent"
        android:orientation="horizontal">

        ……
```

```xml
        <View
            android:layout_width="@dimen/PX1"
            android:layout_height="match_parent"
            android:background="@color/line_hor" />

        <FrameLayout
            android:id="@+id/main_fl"
            android:layout_width="match_parent"
            android:layout_height="match_parent"
            android:background="@color/background_frag"/>
    </LinearLayout>
</androidx.constraintlayout.widget.ConstraintLayout>
```

步骤2：修改Fragment组件。

InfoFragment.java

```java
package com.dr.carsetting.fragment;

import android.os.Bundle;
import android.view.LayoutInflater;
import android.view.View;
import android.view.ViewGroup;
import androidx.fragment.app.Fragment;
import com.dr.carsetting.R;

/**
 * 车辆信息
 */
public class InfoFragment extends Fragment {
    @Override
    public View onCreateView(LayoutInflater inflater, ViewGroup container, Bundle savedInstanceState) {
        super.onCreateView(inflater, container, savedInstanceState);
        View view = inflater.inflate(R.layout.fragment_info, container, false);//取得界面内容
        return view;//将界面内容传递到父容器
    }
}
```

ThemeFragment.java

```
package com.dr.carsetting.fragment;

import android.os.Bundle;
import android.view.LayoutInflater;
import android.view.View;
import android.view.ViewGroup;
import androidx.fragment.app.Fragment;
import com.dr.carsetting.R;

/**
 * 主题设置
 */
public class ThemeFragment extends Fragment {
    @Override
    public View onCreateView(LayoutInflater inflater, ViewGroup container, Bundle
savedInstanceState) {
        View view = inflater.inflate(R.layout.fragment_theme, container, false);//取得界面
内容
        return view;//将界面内容传递到父容器
    }
}
```

VoiceFragment.java

```
package com.dr.carsetting.fragment;

import android.os.Bundle;
import android.view.LayoutInflater;
import android.view.View;
import android.view.ViewGroup;
import androidx.fragment.app.Fragment;
import com.dr.carsetting.R;

/**
 *声控与播报
 */
```

```
public class VoiceFragment extends Fragment {
    @Override
    public View onCreateView(LayoutInflater inflater, ViewGroup container, Bundle
savedInstanceState) {
        super.onCreateView(inflater, container, savedInstanceState);
        View view = inflater.inflate(R.layout.fragment_voice, container, false);//取得界面
内容
        return view;//将界面内容传递到父容器
    }
}
```

步骤3：修改MainActivity.java文件。

```
package com.dr.carsetting;

import androidx.appcompat.app.AppCompatActivity;
import androidx.fragment.app.Fragment;
import androidx.fragment.app.FragmentManager;
import androidx.fragment.app.FragmentTransaction;
import android.os.Bundle;
import android.widget.RadioGroup;

import com.dr.carsetting.fragment.InfoFragment;
import com.dr.carsetting.fragment.ThemeFragment;
import com.dr.carsetting.fragment.VoiceFragment;

public class MainActivity extends AppCompatActivity {

    @Override
    protected void onCreate(Bundle savedInstanceState) {
        super.onCreate(savedInstanceState);
        setContentView(R.layout.activity_main);

        showFragment(new InfoFragment()); //界面初始化，默认显示车辆信息

        //为 RadioGroup 设置选择变更响应事件
        RadioGroup rg = findViewById(R.id.rg);//取得左侧 RadioGroup
        rg.setOnCheckedChangeListener(new RadioGroup.OnCheckedChangeListener() {
```

```
                    @Override
                    public void onCheckedChanged(RadioGroup group, int checkedId) {
                        switch (checkedId) {
                            case R.id.btn_car://车辆信息
                                showFragment(new InfoFragment());
                                break;
                            case R.id.btn_theme://主题
                                showFragment(new ThemeFragment());
                                break;
                            case R.id.btn_voice://声控与播报
                                showFragment(new VoiceFragment());
                                break;
                            case R.id.btn_video://监控和视频
                                break;
                            case R.id.btn_map://地图与导航
                                break;
                            case R.id.btn_car_code://车载二维码显示
                                break;
                            case R.id.btn_wifi://无线网络
                                break;
                        }
                    }
                });
            }
            //封装打开 Fragment 方法
            private void showFragment(Fragment fragment) {
                FragmentManager fm = getSupportFragmentManager();//获取 Fragment 管理器
                FragmentTransaction trans = fm.beginTransaction();//针对 FragmentManager 关联
    的 Fragment 开启事务
                trans.replace(R.id.main_fl, fragment);//使用参数 2 的界面,替换参数 1 的界面
                trans.commit();//提交,执行界面更新
            }
    }
```

步骤4:启动模拟器,查看运行效果。

查看运行效果,如图3-6所示。

图3-6　运行效果

3.4　项目小结

通过本项目的学习,实现通过 ScrollView、RadioGroup 组件完成设置面板界面的构建。ScrollView 称为滚动视图,是在一个屏幕的像素显示不下的时候,采用滑动的方式,显示在 UI 上;RadioGroup 为单项选择按钮组,其中可以包含多个 RadioButton(单选按钮),它们共同为用户提供一种多选一的选择方式。在多个 RadioButton 被同一个 RadioGroup 包含的情况下,多个 RadioButton 之间自动形成互斥关系。掌握车辆信息子界面的创建方法;掌握主题子界面的创建方法;掌握声控与播报子界面的创建方法;并了解将 Fragment 添加到 Activity 的两种方式。

3.5　拓展练习

增加车载二维码子界面,当点击主界面菜单项的"地图和导航"时,显示相应子界面。(△)

项目 4
智能网联车载应用主控面板界面设计实现 ⋯⋯⋯⋯◎

项目背景

随着汽车制造商和一级供应商的创新发展,现在越来越多的汽车使用了车载系统,包括信息娱乐、驾驶员信息以及驾驶员监控系统(DMS)和车内监控系统(ICMS)等,为所有车载应用提供了安全性和可靠性。

所支撑的职业技能

通过本项目的学习,能够实现板界面设计,掌握通过主控面板启动其他App的方法和实现自定义Toast消息提示框。

重点与难点

◇**重点**

- 了解mipmap的作用及使用技巧。
- 了解ContraintLayout的基本使用方法。
- 了解启动其他App的几种方式。
- 了解Toast消息提示框的基本使用方法。

◇**难点**

- 了解Lambda表达式的基本使用方法。
- 了解自定义Toast的方法。
- 掌握为TextView组件装饰圆角的方法。

4.1 实现主控面板界面设计

任务描述

通过本任务的学习,实现主控面板界面设计。

任务要求

①了解 mipmap 的作用及使用技巧。
②了解 ContraintLayout 的基本使用方法。

相关知识

4.1.1 mipmap 的作用及使用技巧

使用 Android Studio 新建一个项目,生成的 mipmap 目录结构如图4-1所示。

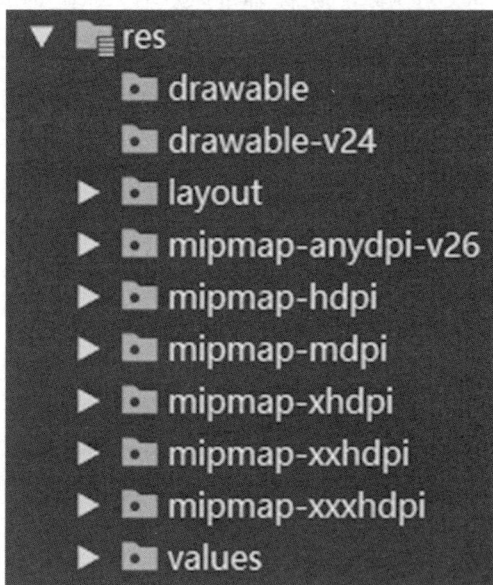

图4-1 mipmap目录结构

Android 在 API level 17 加入了 mipmap 技术,对 Bitmap 图片的渲染支持 mipmap 技术,来提高渲染的速度和质量。

mipmap 是一种很早就有的技术(纹理映射技术),Android 中的 mipmap 技术主要为了应对图片大小缩放的处理,在 Android 中提供一个 Bitmap 图片,由于应用的需要(比如缩放动画),可能对这个 Bitmap 进行各种比例的缩小,为了提高缩小的速度和图片的质量,Android 通过 mipmap 技术提前将按缩小层级生成的图片存储在内存中,这样就提高了图片渲染的速度和质量。

在API中通过Bitmap的public final void setHasMipMap（boolean hasMipMap）方法可以让系统渲染器尝试开启Bitmap的mipmap技术。但是这个方法只能建议系统开启这个功能，至于是否开启，还是由系统决定。res目录下面mipmap和drawable的区别也就是上面这个设置是否开启。

mipmap目录下的图片默认setHasMipMap为true，drawable默认setHasMipMap为false。

Android建议在每一种分辨率的文件夹下面都放一个相应尺寸的icon。将icon放置在mipmap文件夹还可以让程序的launcher图标自动拥有跨设备密度展示的能力，比如说一台屏幕密度是xxhdpi的设备，可以自动加载mipmap-xxxhdpi下的icon作为应用程序的launcher图标，这样图标看上去就会更加细腻。

除此之外，对于每种密度下的icon应该设计成什么尺寸其实Android也给出了最佳建议，icon的尺寸最好不要随意设计，因为过低的分辨率会造成图标模糊，而过高的分辨率只会徒增APK大小。建议尺寸见表4-1。

表4-1　密度类型与分辨率换算

密度类型	代表的分辨率（px）	屏幕密度（dpi）	换算（dp/px）	比例
低密度（ldpi）	240×320	120	1 dp=0.75 px	3
中密度（mdpi）	320×480	160	1 dp=1 px	4
高密度（hdpi）	480×800	240	1 dp=1.5 px	6
超高密度（xhdpi）	720×1 280	320	1 dp=2 px	8
超超高密度（xxhdpi）	1 080×1 920	480	1 dp=3 px	12

可以使用如下方法先获取到屏幕的dpi值。

```
float xdpi = getResources().getDisplayMetrics().xdpi;
float ydpi = getResources().getDisplayMetrics().ydpi;
Log.e("tag", "-----xdpi=" + xdpi); //xdpi=397.565
Log.e("tag", "-----ydpi=" + ydpi); //ydpi=396.24
```

上述代码中，xdpi代表屏幕宽度的dpi值，ydpi代表屏幕高度的dpi值，通常这两个值都是近乎相等或者极其接近的，在手机上这两个值都约等于397。dpi数值范围与密度的对照见表4-2。

表4-2　dpi数值范围与密度的对照

dpi范围	密度
0 ~ 120 dpi	ldpi
120 ~ 160 dpi	mdpi
160 ~ 240 dpi	hdpi

续表

dpi 范围	密度
240 ~ 320 dpi	xhdpi
320 ~ 480 dpi	xxhdpi
480 ~ 640 dpi	xxxhdpi

4.1.2 mipmap 和 drawable 的使用区别

mipmap 和 drawable 文件夹都是用来放置图片的,但也有所不同。

①将生成的图片文件置于"res/"下的相应子目录中,系统将自动根据运行应用的设备的屏幕密度选取正确的文件。之后,每当引用"@drawable/awesomeimage"时,系统便会根据屏幕 dpi 选择相应的位图。

```
res/...
drawable-xhdpi
        awesomeimage.png
drawble-hdpi
        awesomeimage.png


......
```

②将启动器图标置于"mipmap/"文件夹中。

```
res/...
    mipmap-ldpi/...
        finished_launcher_asset.png
    mipmap-mdpi/...
        finished_launcher_asset.png
    mipmap-hdpi/...
        finished_launcher_asset.png
    mipmap-xhdpi/...
        finished_launcher_asset.png
    mipmap-xxhdpi/...
        finished_launcher_asset.png
    mipmap-xxxhdpi/...
        finished_launcher_asset.png
```

4.1.3 ContraintLayout 的基本使用方法

ConstraintLayout(约束布局)类似于 RelativeLayout(相对布局),但约束布局比相对布局更灵活,性能更出色。而且ContraintLayout可以按照比例约束控件位置和尺寸,能够更好地适配屏幕不同的机型。它的常用属性包括:

左右:

•layout_constraintLeft_toLeftOf 控件的左边和指定控件的左边对齐。

•layout_constraintLeft_toRightOf 控件的左边和指定控件的右边对齐(在控件右边)。

•layout_constraintRight_toLeftOf 控件的右边和指定控件的左边对齐(在控件左边)。

•layout_constraintRight_toRightOf 控件的右边和指定控件的右边对齐。

上下:

•layout_constraintTop_toTopOf 控件的上边和指定控件的上边对齐。

•layout_constraintTop_toBottomOf 控件的上边和指定控件的下边对齐(在控件下边)。

•layout_constraintBottom_toTopOf 控件的下边和指定控件的上边对齐(在控件上边)。

•layout_constraintBottom_toBottomOf 控件的下边和指定控件的下边对齐。

开始结束:

•layout_constraintStart_toStartOf 控件的开始位置(左)和指定控件的开始位置处于同一垂直线(即左边对齐),同 left_toLeftOf。

•layout_constraintStart_toEndOf 控件的开始位置(左)和指定控件的结束位置(右)处于同一垂直线(即指定控件的右边),同 left_toRightOf。

•layout_constraintEnd_toStartOf 控件的结束位置(右)和指定控件的开始位置(左)处于同一垂直线(即指定控件的左边),同 right_toLeftOf。

•layout_constraintEnd_toEndOf 控件的结束位置(右)和指定控件的结束位置(右)处于同一垂直线(即右边对齐),同 right_toRightOf。

任务实施

步骤1:新建应用。

创建新的 Module,名称为"CarMain"。关于创建 Module 的具体细节,请参见2.1.6节所述内容。

步骤2:导入图片到项目中。

将界面设计所需的图片复制到项目目录下的"res"-"mipmap"目录中。Android Studio 会根据图片的分辨率给出使用目录的建议,这里选择mdpi,如图4-2所示。

步骤3:配置 activity_main.xml 文件。

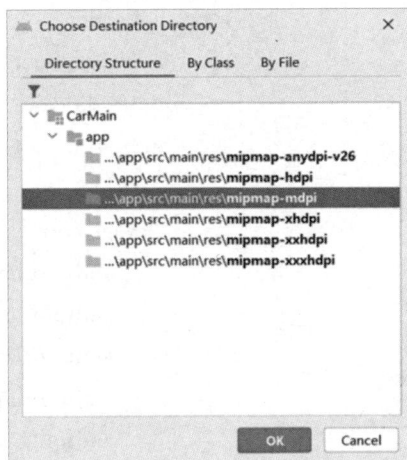

图4-2　复制图片到mdpi目录

```xml
<?xml version="1.0" encoding="utf-8"?>
<androidx. constraintlayout. widget. ConstraintLayout xmlns: android= "http://schemas. android. com/apk/res/android"
    xmlns:app="http://schemas.android.com/apk/res-auto"
    xmlns:tools="http://schemas.android.com/tools"
```

```
android:layout_width="match_parent"
android:layout_height="match_parent"
android:background="@mipmap/background"
tools:context=".MainActivity">

<LinearLayout
    android:layout_width="match_parent"
    android:layout_height="match_parent">

    <LinearLayout
        android:id="@+id/btn_monitor"
        android:layout_width="0dp"
        android:layout_height="match_parent"
        android:layout_marginLeft="30dp"
        android:layout_marginTop="30dp"
        android:layout_marginBottom="30dp"
        android:layout_weight="1"
        android:background="@mipmap/icon_home_jiankong_bg"
        android:orientation="vertical">

        <FrameLayout
            android:layout_width="match_parent"
            android:layout_height="0dp"
            android:layout_weight="1">

            <ImageView
                android:layout_width="120dp"
                android:layout_height="120dp"
                android:layout_gravity="center"
                android:layout_marginTop="30dp"
                android:src="@mipmap/icon_home_jiankong" />
        </FrameLayout>

        <TextView
            android:layout_width="match_parent"
            android:layout_height="180dp"
            android:gravity="center"
            android:text="@string/panoramic_monitor_360"
            android:textColor="@color/text_white"
```

```xml
            android:textSize="30dp"
            android:textStyle="bold" />
    </LinearLayout>

    <LinearLayout
        android:id="@+id/btn_map_nav"
        android:layout_width="0dp"
        android:layout_height="match_parent"
        android:layout_marginLeft="15dp"
        android:layout_marginTop="30dp"
        android:layout_marginRight="15dp"
        android:layout_marginBottom="30dp"
        android:layout_weight="1"
        android:background="@mipmap/icon_home_nav_bg"
        android:orientation="vertical">

        <FrameLayout
            android:layout_width="match_parent"
            android:layout_height="0dp"
            android:layout_weight="1">

            <ImageView
                android:layout_width="120dp"
                android:layout_height="120dp"
                android:layout_gravity="center"
                android:layout_marginTop="30dp"
                android:src="@mipmap/icon_home_nav" />
        </FrameLayout>

        <TextView
            android:layout_width="match_parent"
            android:layout_height="180dp"
            android:gravity="center"
            android:text="@string/map_nav"
            android:textColor="@color/text_white"
            android:textSize="30dp"
            android:textStyle="bold" />
    </LinearLayout>
```

```xml
<LinearLayout
    android:layout_width="0dp"
    android:layout_height="match_parent"
    android:layout_marginTop="30dp"
    android:layout_marginRight="30dp"
    android:layout_marginBottom="30dp"
    android:layout_weight="1"
    android:orientation="vertical">

    <androidx.constraintlayout.widget.ConstraintLayout
        android:id="@+id/btn_message"
        android:layout_width="match_parent"
        android:layout_height="0dp"
        android:layout_weight="1"
        android:background="@mipmap/icon_home_msg_bg">

        <ImageView
            android:id="@+id/v_message"
            android:layout_width="75dp"
            android:layout_height="75dp"
            android:src="@mipmap/icon_home_msg"
            app:layout_constraintBottom_toBottomOf="parent"
            app:layout_constraintHorizontal_bias="0.1"
            app:layout_constraintLeft_toLeftOf="parent"
            app:layout_constraintRight_toRightOf="parent"
            app:layout_constraintTop_toTopOf="parent" />

        <androidx.constraintlayout.widget.Guideline
            android:id="@+id/gl_message"
            android:layout_width="0dp"
            android:layout_height="0dp"
            android:orientation="horizontal"
            app:layout_constraintGuide_percent=".55" />

        <TextView
            android:id="@+id/tv_message"
            android:layout_width="wrap_content"
            android:layout_height="wrap_content"
            android:layout_marginLeft="30dp"
```

```
        android:text="@string/message"
        android:textColor="@color/text_white"
        android:textSize="30dp"
        android:textStyle="bold"
        app:layout_constraintBottom_toTopOf="@+id/gl_message"
        app:layout_constraintLeft_toRightOf="@id/v_message"
        app:layout_constraintTop_toTopOf="parent"
        app:layout_constraintVertical_bias=".95" />


    <TextView
        android:id="@+id/tv_message_unread"
        android:layout_width="wrap_content"
        android:layout_height="wrap_content"
        android:layout_marginLeft="30dp"
        android:text="暂无新消息"
        android:textColor="@color/text_gray"
        android:textSize="22.5dp"
        app:layout_constraintBottom_toBottomOf="parent"
        app:layout_constraintLeft_toRightOf="@id/v_message"
        app:layout_constraintTop_toBottomOf="@id/gl_message"
        app:layout_constraintVertical_bias="0.05" />
</androidx.constraintlayout.widget.ConstraintLayout>

<androidx.constraintlayout.widget.ConstraintLayout
    android:id="@+id/btn_record"
    android:layout_width="match_parent"
    android:layout_height="0dp"
    android:layout_marginTop="15dp"
    android:layout_marginBottom="15dp"
    android:layout_weight="1"
    android:background="@mipmap/icon_home_document_bg">


    <ImageView
        android:id="@+id/v_record"
        android:layout_width="75dp"
        android:layout_height="75dp"
        android:src="@mipmap/icon_home_document"
        app:layout_constraintBottom_toBottomOf="parent"
        app:layout_constraintHorizontal_bias="0.1"
```

```
        app:layout_constraintLeft_toLeftOf="parent"
        app:layout_constraintRight_toRightOf="parent"
        app:layout_constraintTop_toTopOf="parent" />

    <androidx.constraintlayout.widget.Guideline
        android:id="@+id/gl_record"
        android:layout_width="0dp"
        android:layout_height="0dp"
        android:orientation="horizontal"
        app:layout_constraintGuide_percent=".55" />

    <TextView
        android:id="@+id/tv_record"
        android:layout_width="wrap_content"
        android:layout_height="wrap_content"
        android:layout_marginLeft="30dp"
        android:text="@string/record"
        android:textColor="@color/text_white"
        android:textSize="30dp"
        android:textStyle="bold"
        app:layout_constraintBottom_toTopOf="@id/gl_record"
        app:layout_constraintLeft_toRightOf="@id/v_record"
        app:layout_constraintTop_toTopOf="parent"
        app:layout_constraintVertical_bias=".95" />

    <TextView
        android:id="@+id/tv_record_count"
        android:layout_width="wrap_content"
        android:layout_height="wrap_content"
        android:layout_marginLeft="30dp"
        android:text="预选 5 个电台"
        android:textColor="@color/text_gray"
        android:textSize="22.5dp"
        app:layout_constraintBottom_toBottomOf="parent"
        app:layout_constraintLeft_toRightOf="@id/v_record"
        app:layout_constraintTop_toBottomOf="@id/gl_record"
        app:layout_constraintVertical_bias="0.05" />
</androidx.constraintlayout.widget.ConstraintLayout>
```

```xml
        <androidx.constraintlayout.widget.ConstraintLayout
            android:id="@+id/btn_setting"
            android:layout_width="match_parent"
            android:layout_height="0dp"
            android:layout_weight="1"
            android:background="@mipmap/icon_home_setting_bg">

            <ImageView
                android:id="@+id/iv_setting"
                android:layout_width="75dp"
                android:layout_height="75dp"
                android:src="@mipmap/icon_home_setting"
                app:layout_constraintBottom_toBottomOf="parent"
                app:layout_constraintHorizontal_bias="0.1"
                app:layout_constraintLeft_toLeftOf="parent"
                app:layout_constraintRight_toRightOf="parent"
                app:layout_constraintTop_toTopOf="parent" />

            <TextView
                android:id="@+id/tv_setting"
                android:layout_width="wrap_content"
                android:layout_height="match_parent"
                android:layout_marginLeft="30dp"
                android:gravity="center_vertical"
                android:text="@string/setting"
                android:textColor="@color/text_white"
                android:textSize="30dp"
                android:textStyle="bold"
                app:layout_constraintLeft_toRightOf="@id/iv_setting" />
        </androidx.constraintlayout.widget.ConstraintLayout>
    </LinearLayout>
  </LinearLayout>
</androidx.constraintlayout.widget.ConstraintLayout>
```

步骤 4：配置 strings.xml 文件。

修改项目目录下的"res"-"ues"下的 strings.xm 文件，添加界面上使用的文字信息。

```xml
<?xml version="1.0" encoding="utf-8"?>
<resources>
```

```
    <string name="app_name">桌面</string>
    <string name="panoramic_monitor_360">360°全景监控</string>
    <string name="map_nav">地图导航</string>
    <string name="message">消息</string>
    <string name="record">收音机</string>
    <string name="setting">设置</string>

    <string name="text_communicationService">通信服务器</string>
    <string name="text_device_scan">设备扫描</string>
</resources>
```

步骤5：配置colors.xml文件。

修改项目目录下的"res"-"ues"目录中，配置文件colors.xml，添加自定义颜色方案。

```
<?xml version="1.0" encoding="utf-8"?>
<resources>
    <color name="purple_200">#FFBB86FC</color>
    <color name="purple_500">#FF6200EE</color>
    <color name="purple_700">#FF3700B3</color>
    <color name="teal_200">#FF03DAC5</color>
    <color name="teal_700">#FF018786</color>
    <color name="black">#FF000000</color>
    <color name="white">#FFFFFFFF</color>

    <!--添加自定义颜色方案-->
    <color name="text_white">#ddffffff</color>
    <color name="text_gray">#88ffffff</color>
</resources>
```

步骤6：取消界面标题栏。

```
<item name="android:windowNoTitle">true</item>
<item name="windowNoTitle">true</item>
```

关于取消界面标题栏的具体细节，请参见2.2节中的"任务实施"-"取消界面标题栏"所述内容。

步骤7：启动模拟器，查看运行效果。

查看运行效果，如图4-3所示。

图4-3　查看运行效果

4.2　实现主控面板启动App

任务描述

通过本任务的学习,实现在主控面板启动其他App。

任务要求

①了解启动其他App的几种方式。
②了解Lambda表达式的基本使用方法。

相关知识

4.2.1　启动其他App的几种方式

在实际开发中,有的时候会需要通过当前运行App打开其他的App,Android提供了以下几种常用的方式。

(1)通过 App 的包名和全路径类名

```
Intent intent = new Intent(Intent.ACTION_VIEW);
String packageName = "com.ang.chapter_2_service"; //另一个 App 的包名
String className = "com.ang.chapter_2.poolBinder.BinderPoolService"; //另一个 App 要启动
的组件的全路径名
intent.setClassName(packageName, className);
startService(intent);//或者 bindService(intent, mConnection, Context.BIND_AUTO_CREATE);
都能启动
```

(2)通过 ComponentName 这个类启动

```
ComponentName componetName = new ComponentName(
"com.ang.chapter_2_service", //这个参数是另外一个 App 的包名
"com.ang.chapter_2.poolBinder.BinderPoolService"); //这个是要启动的 Service 的全路径名

Intent intent = new Intent();
intent.setComponent(componetName);
startService(intent); //或者 bindService(intent, mConnection,Context.BIND_AUTO_CREATE);
```

(3)通过 Activity 或者 Service 的隐式启动的方式

此种方式要根据另一个 App 启动的 Service 来设置哪些 intent-filter。

```
//另一个 App 中要启动的 service 的清单文件中注册信息
<service android:name="com.ang.chapter_2.poolBinder.BinderPoolService"
        android:exported="true">
    <intent-filter>
        <action android:name="com.ang.poolBinder" />
    </intent-filter>
</service>
```

App 中的启动代码。

```
Intent intent = new Intent();
intent.setPackage("com.ang.chapter_2_service");
intent.setAction("com.ang.poolBinder");
startService(intent) //或者 bindService(intent, mConnection, Context.BIND_AUTO_CREATE);
```

（4）启动不是具体的 Activity 或者 service 的 App

```
Intent intent = context.getPackageManager().getLaunchIntentForPackage("另一个 App 的包名");
if (intent != null) {
    intent.setFlags(Intent.FLAG_ACTIVITY_NEW_TASK);
    context.startActivity(intent);
}
```

4.2.2　Lambda 表达式的基本使用方法

Java 8 中着实引入了一些非常有特色的功能，如 Lambda 表达式、streamAPI、接口默认实现等。Lambda 表达式在 Android 中最低兼容到 Android 2.3 系统，兼容性还不错，Lambda 表达式本质上是一种匿名方法，它既没有方法名，也没有访问修饰符和返回值类型，使用它编写的代码将更加简洁易读。

（1）Lambda 表达式的基本写法

```
// 传统方式
new Thread(new Runnable() {
    @Override
    public void run() {
        // 处理业务逻辑
    }
}).start();

// 使用 Lambda 表达式
new Thread(() -> {
    // 处理业务逻辑
}).start();
```

（2）自定义接口使用 Lambda 表达式

自定义接口 MyListener，接口中只有一个抽象方法。

```
public interface MyListener {
    String run(String str1, String str2);
}
```

可以使用 Lambda 表达式创建 MyListener 接口的匿名实现方法。

```
MyListener listener = (String str1, String str2) -> {
    String result = str1 + str2;
    return result;
};
```

（3）Android 中使用 Lambda 表达式

Android 中注册点击事件：

```
button.setOnClickListener(new View.OnClickListener() {
    @Override
    public void onClick(View view) {
        // 处理点击事件
    }
});
```

使用 Lambda 表达式后：

```
button.setOnClickListener((v) -> {
    // 处理点击事件
});
```

另外，当接口只有一个参数时，还可以进一步简化，将参数外面的括号去掉：

```
button.setOnClickListener(v -> {
    // 处理点击事件
});
```

任务实施

修改 MainActivity.java 文件。

```
package com.dr.carmain;

import androidx.appcompat.app.AppCompatActivity;
import androidx.constraintlayout.widget.ConstraintLayout;

import android.content.Intent;
import android.content.pm.PackageInfo;
import android.content.pm.PackageManager;
```

```java
import android.os.Bundle;
import android.widget.LinearLayout;

public class MainActivity extends AppCompatActivity {

    private LinearLayout btnMonitor;//全景监控
    private LinearLayout btnMapNav;//地图导航
    private ConstraintLayout btnMessage;//消息
    private ConstraintLayout btnRecord;//收音机
    private ConstraintLayout btnSetting;//设置

    @Override
    protected void onCreate(Bundle savedInstanceState) {
        super.onCreate(savedInstanceState);
        setContentView(R.layout.activity_main);

        //取得组件
        btnMonitor = findViewById(R.id.btn_monitor);//全景监控
        btnMapNav = findViewById(R.id.btn_map_nav);//地图导航
        btnMessage = findViewById(R.id.btn_message);//消息
        btnRecord = findViewById(R.id.btn_record);//收音机
        btnSetting = findViewById(R.id.btn_setting);//设置

        //注册点击事件
        btnMonitor.setOnClickListener(v -> runApp("com.dr.carnone"));
        btnMapNav.setOnClickListener(v -> runApp("com.dr.carnone"));
        btnMessage.setOnClickListener(v -> runApp("com.dr.carnone"));
        btnRecord.setOnClickListener(v -> runApp("com.dr.carradio"));
        btnSetting.setOnClickListener(v -> runApp("com.dr.carsetting"));
    }

    //调用其他 App
    private void runApp(String packname) {
        PackageManager packageManager = getPackageManager();
        if (checkPackInfo(packname)) {
            Intent intent = packageManager.getLaunchIntentForPackage(packname);
            startActivity(intent);
        }
    }
}
```

```
//检查包是否存在
private boolean checkPackInfo(String packname) {
    PackageInfo packageInfo = null;
    try {
        packageInfo = getPackageManager().getPackageInfo(packname, 0);
    } catch (PackageManager.NameNotFoundException e) {
        e.printStackTrace();
    }
    return packageInfo != null;
}
}
```

4.3 实现定制Toast消息提示框

任务描述

通过本任务的学习,实现自定义Toast消息提示框。

任务要求

①了解Toast消息提示框的基本使用方法。
②了解自定义Toast的方法。
③掌握为TextView组件装饰圆角的方法。

相关知识

4.3.1　Toast消息提示框的基本使用方法

Android中的Toast是一种简易的消息提示框。当视图显示给用户,在应用程序中显示为浮动。和Dialog不一样的是,它永远不会获得焦点,无法被点击。用户将可能是在中间键入别的东西。

Toast类的思想就是尽可能不引人注意,同时还向用户显示信息,希望用户看到。而且Toast显示的时间有限,Toast会根据用户设置的显示时间自动消失。

```
Toast.makeText(Context,Text,Time),show();
```

•Context:表示应用程序环境的信息,就是当前组件的上下文环境,如果在Activity中使用的话,那么该参数可设置为"Activity.this"。

• Text：表示需要提示的信息。

• Time：表示提示信息的时长，其属性值有"LENGTH_SHORT"和"LENGTH_LONG"，这两个值分别表示"短时间"和"长时间"。

• Show：执行此方法，可以将提示信息显示到界面中。

4.3.2 自定义 Toast 的方法

(1)新建 Toast 的布局文件

```xml
<?xml version="1.0" encoding="utf-8"?>
<LinearLayout xmlns:android="http://schemas.android.com/apk/res/android"
    android:layout_width="match_parent"
    android:layout_height="match_parent">
    <LinearLayout
        android:layout_width="match_parent"
        android:orientation="horizontal"
        android:gravity="center"
        android:layout_height="match_parent">

        <TextView
            android:layout_width="wrap_content"
            android:id="@+id/tvToast"
            android:text="Toast"
            android:textSize="35dp"
            android:textColor="#fff"
            android:layout_height="wrap_content"/>
    </LinearLayout>
</LinearLayout>
```

注：这个布局文件定义了 Toast 的显示内容，还可以加入图片，让 Toast 更美观。

(2)在 Java 文件中调用

```java
public void MyToast(String str, int showTime) {
        View view= LayoutInflater.from(this).inflate(R.layout.view_toast_custom,null);
        TextView tv_msg = (TextView) view.findViewById(R.id.tvToast);
        tv_msg.setText(str);
        Toast toast = new Toast(this);
        toast.setGravity(Gravity.BOTTOM|Gravity.CENTER, 0, 20);
        toast.setDuration(Toast.LENGTH_LONG);
```

```
        toast.setView(view);
        toast.show();
}
```

4.3.3 为TextView组件装饰圆角的方法

可以使用shape标签制作一个背景文件,通过corners属性可以定义圆角。

```
<corners android:radius="15dp" />
```

shape标签的其他常用属性:
- solid:指定内部填充色。
- stroke:描边的宽度、颜色、虚实线。
- gradient:定义渐变色,可以定义两色渐变和三色渐变及渐变样式。

任务实施

步骤1:添加layout组件。

在项目目录中的"res"-"layout"目录下,创建布局文件toast_custom.xml。

```xml
<?xml version="1.0" encoding="utf-8"?>
<LinearLayout xmlns:android="http://schemas.android.com/apk/res/android"
    android:id="@+id/toastview"
    android:layout_width="fill_parent"
    android:layout_height="fill_parent"
    android:orientation="horizontal">

    <TextView
        android:id="@+id/toast_tv"
        android:layout_width="200dp"
        android:layout_height="80dp"
        android:layout_gravity="center"
        android:background="@drawable/text_view_radius"
        android:gravity="center"
        android:textAlignment="center"
        android:textColor="#333"
        android:textSize="30dp" />
</LinearLayout>
```

步骤2:添加shape组件。

在项目目录中的"res"-"drawable"目录下,创建文件text_view_radius.xml。

```xml
<?xml version="1.0" encoding="utf-8"?>
<shape xmlns:android="http://schemas.android.com/apk/res/android">
    <solid android:color="#00cc55" />
    <corners android:radius="25dp" />
</shape>
```

步骤3：修改MainActivity.java文件。
添加自定义弹出消息框。

```java
public class MainActivity extends AppCompatActivity {
    ......
    @Override
    protected void onCreate(Bundle savedInstanceState) { … }

    //调用其他 App
    private void runApp(String packname) {
        PackageManager packageManager = getPackageManager();
        if (checkPackInfo(packname)) {
            Intent intent = packageManager.getLaunchIntentForPackage(packname);
            startActivity(intent);
        } else {
            Log.d("无法启动应用",packname);
            showToast("未找到此 App");
        }
    }
    //封装自定义提示消息
    private void showToast(String msg) {
        View view = View. inflate(getApplicationContext(), R. layout. toast_custom, null);//
XML 转化为 View
        TextView textView = view.findViewById(R.id.toast_tv);//从 View 对象中，取得其
中的 ViewText
        textView.setText(msg);//设置 TextView 中的文字信息
        Toast toast = new Toast(getApplicationContext());//创建 Toast 对象
        toast.setView(view);//设置 Toast 中的内容
        toast.setDuration(Toast.LENGTH_SHORT);//设置显示的时间长度;
        toast.show();//调用 show ()将 toast 显示出来。
    }
}
```

步骤4:启动模拟器,查看运行效果。

查看运行效果,如图4-4所示。

图4-4 查看运行效果

4.4 项目小结

通过本项目的学习,能够实现板界面设计。掌握通过主控面板启动其他App的方法,掌握实现自定义Toast消息提示框,了解mipmap的作用及使用技巧,了解ContraintLayout的基本使用方法,了解启动其他App的方式,了解Lambda表达式的基本使用方法。Android中的Toast是一种消息提示框。当视图显示给用户,在应用程序中显示为浮动。和Dialog不一样的是,它永远不会获得焦点,也无法被点击。

4.5 拓展练习

取消模拟器窗口顶部的状态栏,使应用程序能够全屏显示。(△)

参考文献

［1］韩伟华.智能车载信息娱乐系统交互设计研究［D］.青岛:青岛大学,2021.

［2］刘雪,石天聪,余政涛.智能网联汽车人机交互界面分析［J］.汽车实用技术,2021,46(10):34-36.

［3］刘斯文.面向网联人机交互遥操作的触觉通信技术研究［D］.大连:大连理工大学,2021.

［4］谭征宇,戴宁一,张瑞佛,等.智能网联汽车人机交互研究现状及展望［J］.计算机集成制造系统,2020,26(10):2615-2632.

［5］黄恒一,付三丽.简易智能车人机交互应用的研究［J］.物联网技术,2020,10(01):95-99.

［6］刘华仁,陈效华,纪明君,等.智能网联汽车人机交互手势识别设计［J］.北京汽车,2017(05):16-18,28.

［7］李文博.面向汽车智能座舱的驾驶员情绪行为影响、识别与调节方法研究［D］.重庆:重庆大学,2021.

［8］李云辉.智能网联汽车人机交互研究及多通道交互设计［D］.北京:北京理工大学,2016.